电商多平台美工实战

淘宝、京东、拼多多

胡秀娥 晁代远 崔恒华 编著

电子工业出版社
Publishing House of Electronics Industry
北京·BEIJING

内 容 简 介

随着电子商务广泛地深入人们的现实生活中，越来越多的人将创业的目光瞄准了网店，一些年轻人更是将其视为就业的一条出路。如今，网购市场日益火爆，各类网店如雨后春笋般涌现。为了在日趋激烈的竞争中脱颖而出，网店店主纷纷装点门面，以夺人眼球，于是网店装修逐渐走俏。虽然无须日晒雨淋，只要单击鼠标就能完成工作，但是这个行业的竞争依然非常激烈，网店装修师也需要掌握网店页面的配色、页面布局设计和装修的基本知识等。

本书涵盖装修基础、页面设计、图片设计、移动端店铺视觉呈现和视觉优化等内容，实用性强，能帮助读者快速掌握网店美工秘籍。本书共 10 章，主要内容包括网店设计装修入门基础、商品照片拍摄基本方法、让客户心动的视觉优化、网店页面配色技巧、商品图片处理、特效文字制作和常用图片及促销广告设计、精美的店标和首页设计、淘宝店铺装修实战、拼多多店铺装修实战、京东店铺装修实战。

本书不仅适合想在网上开店的店主，或者已在网上开店但想提高店铺销售业绩的店主阅读，还可作为大专和中专职业院校设计专业的学生与社会职业培训机构的相关学生的参考书。另外，想从事网店美工岗位，但缺乏行业经验和实战经验的人员也可通过阅读本书提升自身的技能。

未经许可，不得以任何方式复制或抄袭本书之部分或全部内容。
版权所有，侵权必究。

图书在版编目（CIP）数据

电商多平台美工实战：淘宝、京东、拼多多 / 胡秀娥等编著．—北京：电子工业出版社，2021.8
（新零售时代电商实战）
ISBN 978-7-121-41599-9

Ⅰ．①电… Ⅱ．①胡… Ⅲ．①电子商务－网站－设计 Ⅳ．①F713.361.2②TP393.092

中国版本图书馆 CIP 数据核字（2021）第 147332 号

责任编辑：林瑞和　　　　　　　特约编辑：田学清
印　　刷：中国电影出版社印刷厂
装　　订：中国电影出版社印刷厂
出版发行：电子工业出版社
　　　　　北京市海淀区万寿路 173 信箱　　邮编：100036
开　　本：787×980　　1/16　　印张：15.25　　字数：295 千字
版　　次：2021 年 8 月第 1 版
印　　次：2021 年 8 月第 1 次印刷
定　　价：89.00 元

凡所购买电子工业出版社图书有缺损问题，请向购买书店调换。若书店售缺，请与本社发行部联系，联系及邮购电话：（010）88254888，88258888。
质量投诉请发邮件至 zlts@phei.com.cn，盗版侵权举报请发邮件至 dbqq@phei.com.cn。
本书咨询联系方式：010-51260888-819，faq@phei.com.cn。

前 言

虽然网络店铺有很多，但是相当一部分店铺的销量非常低，有时几天甚至半个月才能卖出一件商品，这种情况的出现一般源于店铺的设计装修等工作不到位。

在网上开店，也要把门面装修得漂亮一些才能吸引客户，第一印象对于人的认知会产生相当大的影响，逛街购物也是如此。装修靓丽且富有特色的门店可以给人带来舒畅的购物心情，客户下单自然就会爽快一些。倘若门店的装修毫无特色，货品堆放毫无秩序，那么顾客的购物欲望就会大打折扣，甚至会萌生赶快离开的心理。对于网络店铺来说，装修更是店铺兴旺的制胜法宝。对于商品的任何信息，客户只能通过网店页面来获得，所以更需要在美观上下一番功夫。一般来说，经过设计装修的网络店铺更能吸引客户的目光。

本书主要内容

目前，市场上关于网店美工的图书很多，但大多数只讲述按钮的设计、店标的设计、宣传公告的设计等内容。本书并不仅仅讲解网店美工，还涉及大量关于商品拍摄、页面布局、页面视觉设计、页面配色、店铺装修，以及淘宝、拼多多、京东这三大平台装修等方面的知识。

本书共 10 章，主要内容包括网店设计装修入门基础、商品照片拍摄基本方法、让客户心动的视觉优化、网店页面配色技巧、商品图片处理、特效文字制作和常用图片及促销广告设计、精美的店标和首页设计、淘宝店铺装修实战、拼多多店铺装修实战、京东店铺装修实战。

电商多平台美工实战
淘宝、京东、拼多多

本书特色

本书包含如下特色。

- 多平台。通过阅读本书，读者可以了解淘宝、拼多多和京东这三大平台的装修技巧。
- 基于移动端。随着智能终端和移动互联网的快速发展，移动端目前已经成为网络购物的主流。本书的网店装修设计和三大平台的装修实战都是基于移动端的。
- 一般的网店美工图书只讲述网店装修技术的使用，如设计店标、设计分类按钮、设计广告栏等。而网店装修的技术含量并不高，一般只需要精通制图软件就可以胜任。如果要彰显网店独特的个性，那么最重要的还是要懂得灵感和色彩的运用，这样才能获得稳定的客源。
- 本书通过分析实际的设设计案例，帮助读者了解商品页面设计的趋势，以及流行的设计技术。本书还介绍了商品页面的制作方法，让读者紧跟设计潮流。
- 全面。本书首先介绍了网店设计装修入门基础知识，然后介绍了页面布局与视觉元素设计、页面色彩搭配、商品图片的处理和三大平台的装修实战。
- 实用。本书汇集了作者多年的网店设计与装修经验，涵盖了开店过程中遇到的许多细节问题。

本书的作者中既有具有多年网店设计与装修经验的人员，也有相关院校电子商务专业的专家，由于作者水平有限，加之创作时间仓促，书中难免存在不足之处，欢迎广大读者批评指正。

读者服务

微信扫码回复：41599

- 获取本书配套视频、图片素材、PPT、题库、习题答案
- 加入"电商"读者交流群，与更多同道中人互动
- 获取【百场业界大咖直播合集】（持续更新），仅需1元

目　录

第 1 章　网店设计装修入门基础 1

1.1　初步了解网店美工 2
1.1.1　什么是网店美工 2
1.1.2　怎样确定网店的风格 2
1.2　网店美工必须注意的问题 4
1.3　网店美工工作准备 6
1.3.1　网店美工需要掌握的软件 6
1.3.2　网店美工主要工作内容 8
1.3.3　搜集常用素材 10
1.4　不同电商平台的装修规范 11
1.5　网店美工设计工作流程 16
1.6　练习题 17

第 2 章　商品照片拍摄基本方法 18

2.1　使用数码照相机拍摄商品 19
2.1.1　室内拍摄场景的布置 19
2.1.2　不同角度的光线效果 21
2.1.3　自动对焦 22
2.1.4　微距功能与细节展示 23
2.1.5　曝光补偿 23
2.1.6　白平衡 24

2.2 在户外拍摄商品 25
2.3 表面材质不同的商品的拍摄 28
  2.3.1 吸光类商品的拍摄 28
  2.3.2 反光类商品的拍摄 29
  2.3.3 透明类商品的拍摄 30
2.4 商品拍摄的基本构图技巧 31
  2.4.1 横式构图 31
  2.4.2 竖式构图 31
  2.4.3 对角线构图 32
  2.4.4 黄金分割法构图 32
  2.4.5 对称式构图 33
  2.4.6 曲线构图 34
  2.4.7 其他艺术形式构图 34
2.5 练习题 39

第3章 让客户心动的视觉优化 40
3.1 店铺视觉设计 41
  3.1.1 优化店铺结构 41
  3.1.2 店铺首页布局 41
  3.1.3 商品列表页 42
  3.1.4 首页促销广告 44
3.2 店铺视觉导航设计 45
  3.2.1 导航栏目设计 45
  3.2.2 注意要点 46
3.3 首页布局优化 47
  3.3.1 海报优化 47
  3.3.2 主推（热销）单品优化 48
  3.3.3 商品陈列优化 49
3.4 提升图片点击率的技巧 49
  3.4.1 场景营造 50

目录

  3.4.2 创意技巧 ... 51
  3.4.3 促销主题 ... 51
  3.4.4 细节放大 ... 51
  3.4.5 环境差异化 ... 52
  3.4.6 点睛文案 ... 53
 3.5 热销爆款商品页面特点 ... 53
  3.5.1 页面生动、有趣 ... 53
  3.5.2 引导客户购买搭配商品 ... 54
  3.5.3 通过商品图片了解商品的尺寸 ... 55
  3.5.4 商品描述信息准确、详细 ... 56
  3.5.5 分享购买者的评价 ... 58
  3.5.6 展示相关证书和证明材料 ... 58
  3.5.7 文字清晰易读 ... 59
 3.6 人气商品页面分析 ... 60
  3.6.1 营造良好的氛围 ... 60
  3.6.2 从客户的视角设计 ... 60
 3.7 产品视觉设计 ... 61
  3.7.1 关联销售创造更多商机 ... 61
  3.7.2 提炼出绝佳的视觉创意 ... 62
  3.7.3 店铺视觉设计风格统一 ... 63
 3.8 练习题 ... 64

第 4 章 网店页面配色技巧 ... 65

 4.1 色彩的原理 ... 66
 4.2 色彩搭配技巧 ... 67
 4.3 红色系的配色 ... 69
  4.3.1 红色系适合的配色方案 ... 70
  4.3.2 适用红色系的网店 ... 70
 4.4 橙色系的配色 ... 71
  4.4.1 橙色系适合的配色方案 ... 72

  4.4.2 适用橙色系的网店 72

 4.5 黄色系的配色 73
  4.5.1 黄色系适合的配色方案 73
  4.5.2 适用黄色系的网店 74

 4.6 紫色系的配色 75
  4.6.1 紫色系适合的配色方案 75
  4.6.2 适用紫色系的网店 76

 4.7 绿色系的配色 77
  4.7.1 绿色系适合的配色方案 77
  4.7.2 适用绿色系的网店 78

 4.8 蓝色系的配色 79
  4.8.1 蓝色系适合的配色方案 79
  4.8.2 适用蓝色系的网店 80

 4.9 无彩色的配色 81
  4.9.1 白色系的网店 81
  4.9.2 灰色系的网店 82
  4.9.3 黑色系的网店 83

 4.10 练习题 83

第 5 章　商品图片的处理 85

 5.1 商品主图的尺寸规范 86
 5.2 图片修复技巧 88
  5.2.1 去除图片水印 88
  5.2.2 调整曝光过度的图片 89
  5.2.3 虚化商品轮廓 90

 5.3 抠图技巧 91
  5.3.1 抠取图片 92
  5.3.2 合成图片 93

目录

- 5.4 调整图片颜色 94
  - 5.4.1 适当的亮度 94
  - 5.4.2 正确的色彩 97
- 5.5 边框、水印、批处理 99
  - 5.5.1 添加水印 99
  - 5.5.2 添加边框 100
  - 5.5.3 批处理 102
- 5.6 切割与优化图片 105
- 5.7 练习题 107

第 6 章 特效文字制作和常用图片及促销广告设计 108

- 6.1 网店特效文字制作 109
  - 6.1.1 促销立体字 109
  - 6.1.2 材质文字 111
  - 6.1.3 特效爆炸字 113
- 6.2 网店常用图片设计 118
  - 6.2.1 主图设计 118
  - 6.2.2 直通车图设计 120
  - 6.2.3 活动图片设计 125
- 6.3 促销广告设计 129
  - 6.3.1 促销广告制作 130
  - 6.3.2 突出活动主题 131
  - 6.3.3 保证广告形式美观 132
  - 6.3.4 排版构图技巧 134
- 6.4 练习题 135

第 7 章 设计精美的店标和首页 136

- 7.1 设计店标 137
- 7.2 设计首页 141
  - 7.2.1 首页的作用 141

IX

    7.2.2 首页的框架 144

    7.2.3 首页的设计思路 146

    7.2.4 首页的设计实战 149

    7.2.5 首页的商品陈列 155

  7.3 练习题 158

第 8 章 淘宝店铺装修实战 159

  8.1 手机淘宝店铺装修特点 160

  8.2 通用装修设置 161

    8.2.1 基础设置 161

    8.2.2 店铺印象 164

    8.2.3 店铺搜索设置 166

  8.3 手机淘宝首页布局模块管理 168

    8.3.1 首页装修入口 168

    8.3.2 添加店铺热搜 170

    8.3.3 添加店铺优惠券 172

    8.3.4 添加上新公告 174

    8.3.5 鹿班智能货架添加商品 177

    8.3.6 鹿班一键全店智能装修 180

  8.4 练习题 185

第 9 章 拼多多店铺装修实战 186

  9.1 拼多多店铺首页布局的特点 187

  9.2 装修页面 190

    9.2.1 装修页面简介 190

    9.2.2 图片组件 192

    9.2.3 商品组件 197

    9.2.4 营销组件 203

  9.3 模板市场助力装修 204

    9.3.1 模板市场入口 204

目录

9.3.2 编辑修改模板 208

9.4 练习题 210

第 10 章 京东店铺装修实战 211

10.1 京东店铺首页布局的特点 212

10.2 京东智铺装修系统 215

10.2.1 功能介绍 215

10.2.2 店铺装修 216

10.2.3 素材中心 219

10.2.4 运营中心 221

10.3 设置装修模块 223

10.3.1 设置"智能商品"模块 223

10.3.2 设置"视频推荐"模块 224

10.3.3 设置"智能海报"模块 225

10.3.4 设置"智能选品"模块 226

10.4 京东装吧装修详情页 227

10.4.1 使用京东详情页模板 227

10.4.2 元件容器操作 230

10.4.3 添加温馨公告 231

10.5 练习题 231

第 1 章

网店设计装修入门基础

在网上开店的过程中，网店设计装修是非常重要的一个环节，可以美化装修店铺，吸引更多的客户，从而获得更多的销量。美化装修不仅可以突出店铺精美的形象，还可以给客户一种强烈的吸引力，刺激客户的购买欲望，从而快速下单，提升店铺的销售业绩。

知识导图

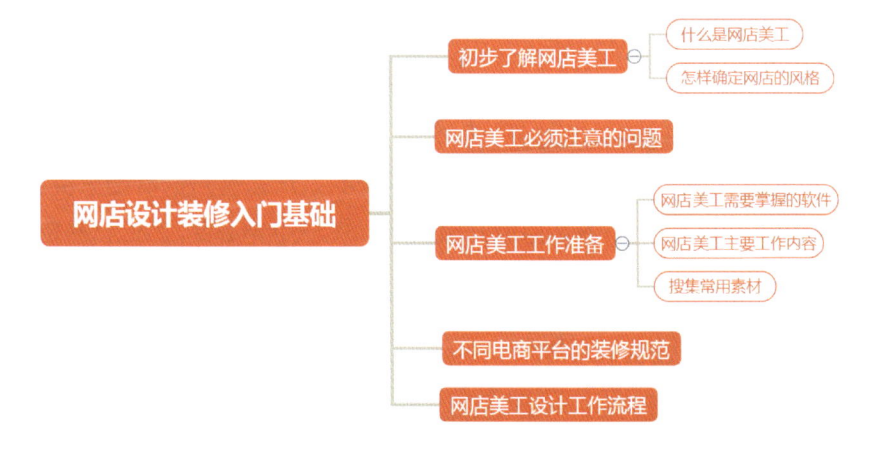

```
                                        ┌─ 什么是网店美工
                       ┌─ 初步了解网店美工 ─┤
                       │                 └─ 怎样确定网店的风格
                       │
                       ├─ 网店美工必须注意的问题
                       │
                       │                 ┌─ 网店美工需要掌握的软件
网店设计装修入门基础 ───┼─ 网店美工工作准备 ─┤── 网店美工主要工作内容
                       │                 └─ 搜集常用素材
                       │
                       ├─ 不同电商平台的装修规范
                       │
                       └─ 网店美工设计工作流程
```

学习目标

- 初步了解网店美工。
- 掌握网店美工必须注意的问题。

- 掌握网店美工工作准备。
- 掌握不同电商平台的装修规范。
- 掌握网店美工设计工作流程。

1.1 初步了解网店美工

网店美工的目的是把店铺装修得非常漂亮，这样才能吸引并留住客户，从而为店铺带来更多的流量和回头客。

1.1.1 什么是网店美工

网店美工与线下实体店铺的装修类似，网店的第一印象会对客户的认知产生相当大的影响，为了给客户留下好的印象，网店的装修非常重要。毕竟购买之前客户无法看见真实的商品，只能通过文字描述和商品图片来了解店铺与商品，所以装修好的店铺能增加客户的信任感。网店美工就是在淘宝、京东、拼多多等平台允许的结构范围内，尽量通过装修设计让店铺更加美观。

人作为视觉动物，第一印象会对其认知产生相当大的影响。人们在线下逛街购物时，装修精美且富有特色的门店往往更容易吸引客户。如果店铺没有经过装修，商品堆放得杂乱无章，客户进入店铺之后无法找到自己需要的商品，那么客户的购物欲望也会大打折扣，甚至可能扭头就走。所以，在网店美工方面下一番功夫非常必要，经过认真装修的店铺更容易吸引客户。

1.1.2 怎样确定网店的风格

网店的风格是指网店的页面带给客户的整体直观感受，本节主要介绍怎样确定网店的风格。

1. 确定主色调

要确定店铺的主色调，需要先分析店铺商品的目标人群，确定目标客户易于接受的色彩。例如，红色可以用来表达喜庆和祥和，春节比较喜庆，火红的颜色预示着好兆头，又是一年新年到，因此，春节促销期间店铺色彩视觉色调更倾向于红色这样的暖色调。春节促销期间某家居店铺的主色调如图1-1所示[①]。

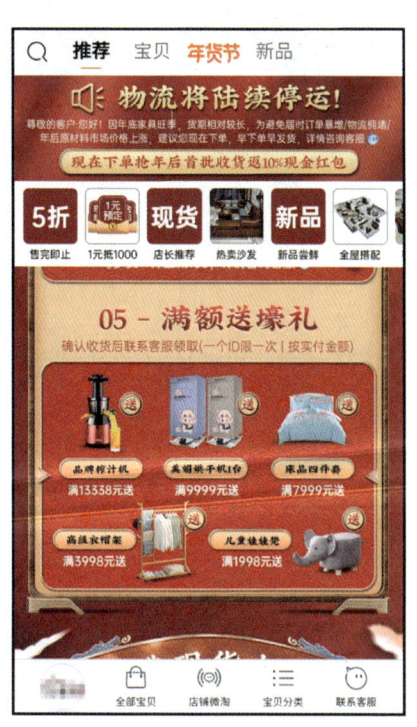

图1-1 春节促销期间某家居店铺的主色调

2．确定搭配辅助色

除了主色调，还需要辅助色来衬托。需要注意的是，辅助色只能起辅助作用，不可过多，以免喧宾夺主。众所周知，红色是与喜庆相关的颜色，给人以节日喜庆的感受，因此，红色常常被用于与节日有关的网店页面装修。红色和黄色搭配起来会给人一种很强的视觉冲击感，这两种颜色的搭配热烈而健康。

如图1-2所示，网店页面以红色为主色调，黄色为辅助色。红色和黄色都属于颜色中的暖色系，二者的搭配在很多方面都可以运用。

---

① 图中"满额送壕礼"的正确写法应为"满额送豪礼"。

图 1-2 搭配辅助色

1.2 网店美工必须注意的问题

网店美工必须注意的问题包括以下几点。

1. 装修设计的思路

店铺的特色是什么？主营商品是什么？目标客户是哪些？网店美工在装修设计之前必须有一个清晰的思路，然后才能构建大致的框架。

2. 店铺名称

有的店铺名称过于简洁，只有几个字。例如，主营女装羽绒服的网店，店铺名称是"时尚之家"，客户在使用关键词"女装"和"羽绒服"进行搜索时，通常无法搜索到该店铺。

3. 店铺的栏目分类

有些店铺的商品分类多达上百种。分类的目的是让客户可以便捷地找到所需的商品，如果栏目分类过多，那么客户就很难找到自己所需的商品。如图 1-3 所示，该店铺的栏目分类很多，并且杂乱无序，所以客户无法快速地找到所需的商品。

4. 存放图片的空间服务器

不同的 ISP 提供商提供的服务器，其访问速度是完全不同的，甚至会出现打不开的现象，所以客户就有可能无法看到店铺的公告和分类。如果客户看不到商品介绍中的图片或商品介绍模板页面，那么情况会更加糟糕。

5. 商品名字

将商品名字、分类名字取得很长可能会增加被搜索到的概率，但也不宜过长。还有一些商家为了吸引客户的注意力，会在名字中加上一长串毫不相关的符号，这可能会违反平台的规则，从而遭到处罚。只要把商品的品牌、特点等表述清楚，再加入适当的广告词就可以。

6. 店铺视觉的色彩搭配

色彩搭配总的原则是"总体协调，局部对比"，也就是网店页面的整体色彩效果应该是和谐的，只有局部的、小范围的区域可以有一些强烈的色彩对比。在色彩的运用上，可以根据店铺的需求采用不同的主色调。店铺的商品风格、图片的基本色调、公告的字体颜色最好与店铺的整体风格对应，这样设计出来的整体效果和谐统一，不会让人感觉杂乱。色彩搭配合理的店铺示例如图 1-4 所示。

图 1-3　栏目分类太多

图 1-4　色彩搭配合理的店铺示例

1.3　网店美工工作准备

网店美工在网店运营过程中不可或缺，一家优秀的网店不仅要有高质量的商品，还要获得美工等专业人员的支持。

1.3.1　网店美工需要掌握的软件

网店美工主要负责网店的视觉，以及图片处理方面的工作。与普通的美工相比，网店美工对于平面设计软件的要求更高。做网店美工需要掌握以下几种软件。

1. Photoshop

Photoshop 可以用来对商品图片进行加工处理，以及运用一些特殊效果，其重点在于对图像进行加工处理。Photoshop 是所有设计软件中最基础的软件，因其简单的界面、强大的图片处理功能而越来越受到大家的喜爱。想要成为一名合格的网店美工，就必须熟练掌握处理图片的技能，因为图片的美观度会直接影响网店的销量。在网络的虚拟环境下，客户是触摸不到真实的商品的，只能通过图片、动画或小视频来判断该商品是不是自己想要的，所以网店美工的工作非常重要。Photoshop 的操作界面如图 1-5 所示。

图 1-5　Photoshop 的操作界面

2. Dreamweaver

在网店美工设计时，除了要学会使用 Photoshop 设计、处理图像，还需要掌握可用于网店页面排版的软件 Dreamweaver。在网店中打开的页面被称为网页，和网页相关的软件 Dreamweaver 也是网店美工需要掌握的，但只需要掌握 Dreamweaver 的表格排版、链接和基础代码等功能就可以。Dreamweaver 的操作界面如图 1-6 所示。

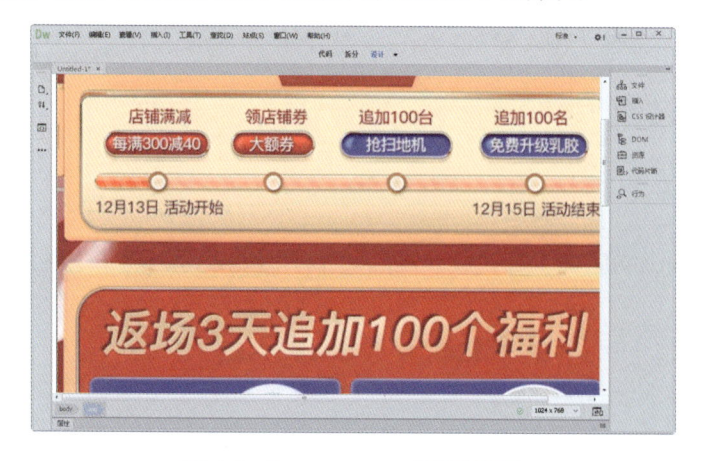

图 1-6　Dreamweaver 的操作界面

3. 光影魔术手——简单、方便的修图工具

如果你不是图像处理方面的专业人士，并且对 Photoshop 的操作并不是十分熟练，那么这款简单、实用的图像处理软件——光影魔术手可以帮助你完成对数码图片画质及效果的处理。光影魔术手能够满足照片后期处理的大部分需求，其批量处理功能非常强大。光影魔术手的操作界面如图 1-7 所示。

图 1-7 光影魔术手的操作界面

1.3.2 网店美工主要工作内容

网店美工主要负责以下几方面工作。

1. 网店视觉

网店视觉必须由网店美工来完成。网店美工不但要处理网店中的图片，还要处理网店的整体视觉设计。

2. 图片处理

拍摄出来的商品图片一般是不能被直接使用的。为了让客户感到赏心悦目，网店美工

通常需要运用图片处理软件对图片做一些局部处理，美化图片，以吸引客户。需要注意的是，网店美工不是单纯的艺术家，能使客户能够接受网店的商品才是最重要的。

（1）根据需求对商品的图片进行美化。

（2）适当添加文字描述，但不要过多地插入广告，因为这样可能会导致客户厌烦。

3．促销海报

在不同的时期，网店都会推出不同的活动，如优惠券、满就送等，这些活动需要通过促销海报来吸引客户。某网店的促销海报如图 1-8 所示。

图 1-8　某网店的促销海报

4．内容编辑

在上传商品图片以后，需要对商品添加一些文字说明，这就需要网店美工进行设计与完善。

5．协助运营做好日常推广、活动页面设计

（1）标题设计明确，契合活动主题。

（2）页面美观，符合大众审美，容易吸引客户。

6．通栏广告设计

（1）大小适度，根据需求占据版面。

（2）颜色对比鲜明，冲击力强，使人印象深刻。

（3）通栏广告内容简洁明确，可以让人轻松理解广告内容。

通栏广告设计不但要有视觉上的冲击力，软文的编写也需要言之有物，让客户能够快速地理解。某网店导航下的通栏广告如图1-9所示。

图1-9 某网店导航下的通栏广告

1.3.3 搜集常用素材

在网店装修过程中用到的图片都需要依靠素材来完成，因此，在网店装修之前需要搜集大量的素材。这些素材可以在网络上搜集，如在百度中搜索"网店素材"一词，就会在搜索结果中显示很多素材网站，如图1-10所示。在不涉及版权的情况下，这些图片素材是可以使用的。找到合适的素材保存在本地计算机中，供后期装修设计时使用。

图 1-10 搜索素材

此外，也可以购买一些素材，如图 1-11 所示[①]。素材越丰富、越全面，在设计时就越容易。

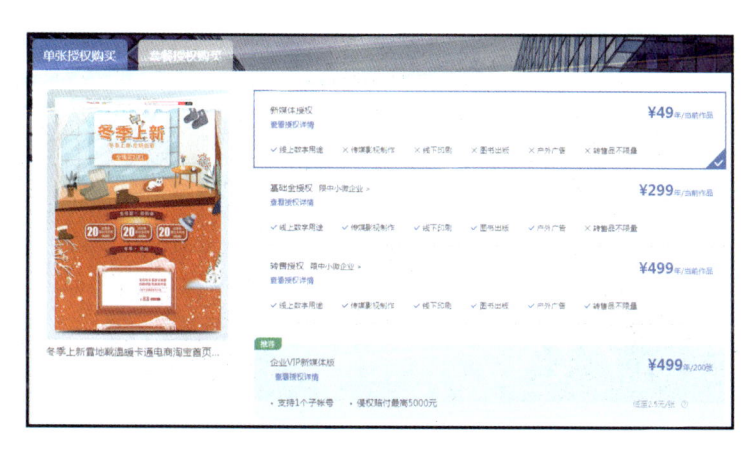

图 1-11 购买素材

1.4 不同电商平台的装修规范

本节主要介绍淘宝、京东和拼多多这三大平台的装修规范。

---

① 图中"帐号"的正确写法应为"账号"，"钜惠"的正确写法应为"巨惠"。

1. 淘宝

淘宝主图建议使用的尺寸为 800px×800px，长和宽的比例是 1∶1。淘宝主图共 5 张，并且必须有 1 张白底图，白底图要求背景是纯白色的。

1）PC 端

店招指的是顶部的店铺招牌，店招对于店铺来说是很有必要的，店招如同一家店铺的门面，一个好的店招能带来店铺销量的提升。

在 PC 端首页，首先看到的是顶部的店招，也就是店铺的招牌。从内容上来说，店招上可以有店铺名、店铺 Logo、促销产品、优惠券、活动信息、网址和店铺荣誉等一系列信息。

全屏通栏店招的尺寸既可以是 1920px×120px，也可以是 950px×120px。顶部店铺店招如图 1-12 所示。

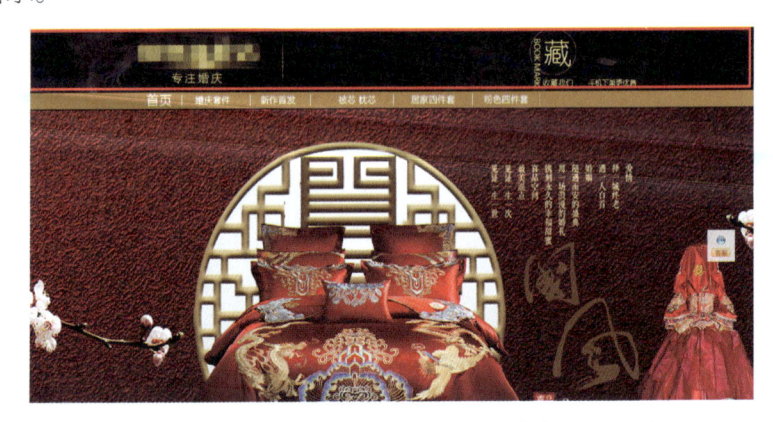

图 1-12 顶部店铺店招

首页宽度默认是 950px，如图 1-13 所示，侧边栏既可以是 750px，也可以是 150px。

详情页做得越好，客户停留时间越长，跳失率越低，访问深度越高，店铺的成交率自然也就越高，店铺的商品也就越受欢迎，所以详情页非常重要。淘宝 PC 端详情页宽度默认是 750px。

2）移动端

计算机和手机的屏幕大小不同，所以会显示出不同的效果。在制作首页的时候，PC 端和移动端也会产生不同的要求，移动端首页宽度为 640px。淘宝移动端首页如图 1-14 所示。

图 1-13　PC 端首页宽度默认是 950px

图 1-14　淘宝移动端首页

很多店铺的移动端详情页通常直接使用 PC 端详情页，这有可能会使图片会变得模糊，甚至变形。移动端详情页宽度的尺寸是 480～640px。移动端详情页如图 1-15 所示。

图 1-15　移动端详情页

2. 京东

京东主图的尺寸在 800px×800px 以上，共提供 5 张，第 1 张必须使用纯白色背景，图片要清晰，能够看清楚商品细节。

1）PC 端

PC 端首页宽度默认是 990px，侧边栏有 790px 和 150px 这两个选项，全屏通栏是 1920px。京东 PC 端首页如图 1-16 所示。

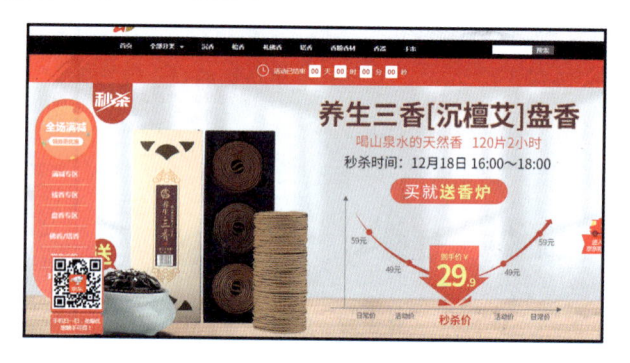

图 1-16　京东 PC 端首页

PC 端店招尺寸既可以是 1920px×120px，也可以是 1920px×150px。

PC 端详情页宽度默认为 990px，也可以是 750px 和 790px。

2）移动端

移动端首页宽度为 640px，店招尺寸为 640px×200px。

移动端详情页与 PC 端的规划定位差不多。详情页是根据店铺商品的特点设计的，一定要突出商品的卖点，并且添加有吸引力的参数文字，最终达到让客户购买商品的目的。移动端详情页如图 1-17 所示。

图 1-17　移动端详情页

第1章 网店设计装修入门基础

3. 拼多多

1）主图

一个好的主图能够吸引客户，让店铺的商品脱颖而出，从而提高店铺转化率，如图 1-18 所示。

- 尺寸为 750px×352px，大小在 100KB 以内。
- 图片仅支持 JPG、PNG 格式。
- 图片不可以添加任何与品牌相关的文字或 Logo。

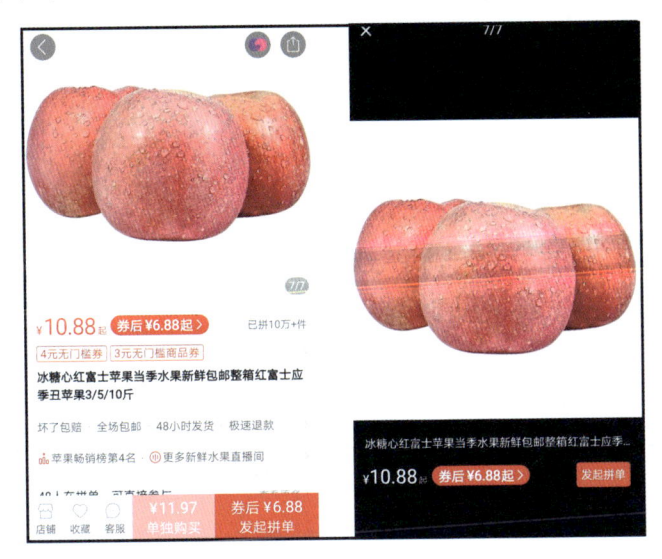

图 1-18　主图

2）商品详情

图 1-19 所示是一个出色的商品详情，可以让客户产生强烈的购买欲望。在详情页可以添加关于商品的介绍、卖点、细节图片、评价、拼团指南和质检报告等常见的信息。

- 尺寸要求宽度为 480～1200px，高度为 0～1500px。
- 大小在 1MB 以内。
- 数量限制在 20 张以内。
- 图片仅支持 JPG、PNG 格式。
- 支持批量上传详情图。

15

图 1-19　商品详情

1.5　网店美工设计工作流程

网店美工主要对店铺首页、详情页和促销海报进行设计。因此，网店美工还要懂得文案、创意，能用文案表达产品的卖点。网店美工在设计装修店铺时，要站在消费者的角度思考，提高店铺的可用性，优化设计，能够挖掘消费者的浏览习惯和点击需求。网店美工设计工作流程如图 1-20 所示。

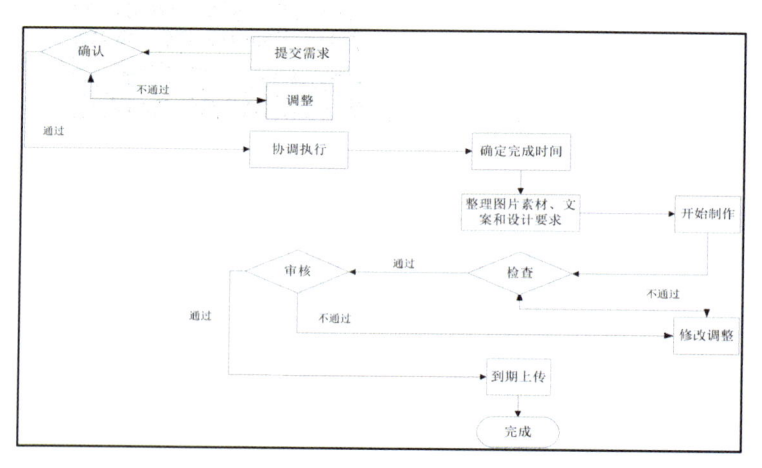

图 1-20　网店美工设计工作流程

（1）提交需求。在设计装修店铺之前，网店美工必须考虑店铺的整体风格，做好全面的规划。如何站在消费者的角度去构思、去完美地进行展现，这都是需要考虑到的。

（2）确定完成时间，整理图片素材、文案和设计要求。

（3）开始制作。制作店铺首页、商品详情页、宣传海报、商品主图等。拍摄商品图片，在图片处理软件中对商品图片进行美化。

（4）制作完成后需要报相关部门进行检查和审核，审核不通过的需要修改调整。审核通过后可以切片处理。

（5）上传空间。把切割完的图片上传到网店平台上。

1.6 练习题

1. 填空题

（1）_____可以理解为类似于实体店铺的装修，漂亮的店铺才能吸引客户前来购物，甚至多次消费。

（2）在页面配色上，要将_____色调的影响力发挥到极致，_____色只能起辅助作用，不可过多，以免喧宾夺主。

（3）_____是指网店界面带给客户的直观感受，即客户在浏览过程中所感受到的商家品位、艺术氛围等。

（4）_____指的是顶部的店铺招牌，_____对一家店铺来说是很有必要的。

2. 简答题

（1）怎样确定网店的风格？

（2）网店美工必须注意的问题有哪些？

（3）网店美工主要负责哪些工作？

（4）网店美工需要掌握哪些软件？

（5）淘宝、京东、拼多多等平台的装修规范有哪些？

（6）网店美工设计工作流程是怎样的？

第 2 章

商品照片拍摄基本方法

商品图片对于网店来说非常重要。一幅图片类似于商店的"橱窗",具有直接与客户沟通的作用。在网店经营中,一幅好的图片不仅引人注目,还可能会引爆点击率,大幅度提升店铺的浏览量。但缺少摄影经验的店主应该如何让自己快速成为"摄影高手"呢?本章将介绍使用数码照相机拍照的技巧,在方法渗透中融合案例演练,让店主从"菜鸟"一跃成为"摄影高手"。

知识导图

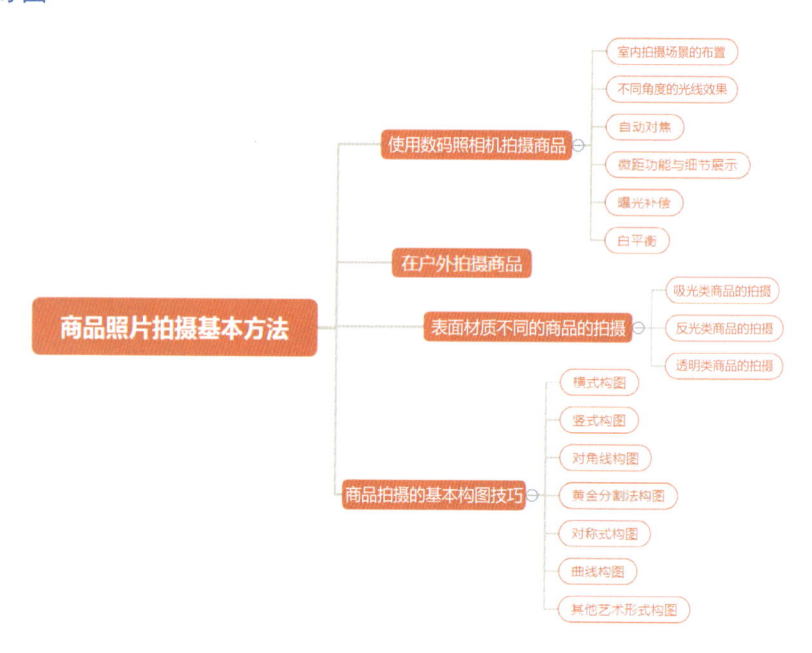

商品照片拍摄基本方法
- 使用数码照相机拍摄商品
  - 室内拍摄场景的布置
  - 不同角度的光线效果
  - 自动对焦
  - 微距功能与细节展示
  - 曝光补偿
  - 白平衡
- 在户外拍摄商品
- 表面材质不同的商品的拍摄
  - 吸光类商品的拍摄
  - 反光类商品的拍摄
  - 透明类商品的拍摄
- 商品拍摄的基本构图技巧
  - 横式构图
  - 竖式构图
  - 对角线构图
  - 黄金分割法构图
  - 对称式构图
  - 曲线构图
  - 其他艺术形式构图

第 2 章
商品照片拍摄基本方法

学习目标

- 掌握使用数码照相机拍摄商品。
- 掌握在户外拍摄商品。
- 掌握表面材质不同的商品的拍摄。
- 掌握商品拍摄的基本构图技巧。

2.1 使用数码照相机拍摄商品

本节主要介绍使用数码照相机拍摄商品的一些技巧。

2.1.1 室内拍摄场景的布置

下面介绍室内拍摄场景的布置，包括为什么要布置场景、使用反光板布置场景、使用墙纸或背景布布置场景、使用摄影棚这几方面内容。

1．为什么要布置场景

在室内拍摄商品需要布置场景是因为：第一，室内拍摄背景杂乱，需要花费不少力气处理；第二，没有专用的工作台，开展工作不方便。

没有布置场景时拍摄的杂乱无章的照片如图 2-1 所示，布置好场景拍摄的照片如图 2-2 所示。

图 2-1　没有布置场景时拍摄的杂乱无章的照片　　　图 2-2　布置好场景拍摄的照片

19

2. 使用反光板布置场景

反光板是拍摄商品时常用的补光设备。出售反光板的网店很多，其价格一般为几十元甚至十几元，如图 2-3 所示。

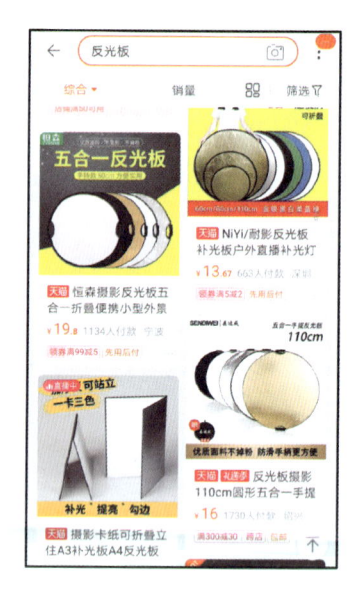

图 2-3 网店出售的反光板

3. 使用墙纸或背景布布置场景

可以用来布置场景的材料很多，既可以使用墙纸布置场景，也可以使用背景布或背景纸来布置场景，如图 2-4 和图 2-5 所示。

图 2-4 使用墙纸布置场景　　　　图 2-5 使用背景布布置场景

4．使用摄影棚

在摄影棚中一般用来拍摄一些小商品，如小型数码产品、护肤品、珠宝首饰等。可以在摄影棚的左方、右方、上方和后方对商品进行投光，当光线透过摄影棚投射到商品上时，光线就会变得很柔和，有助于拍摄出精美的照片。某网店出售的简易摄影棚如图2-6所示。

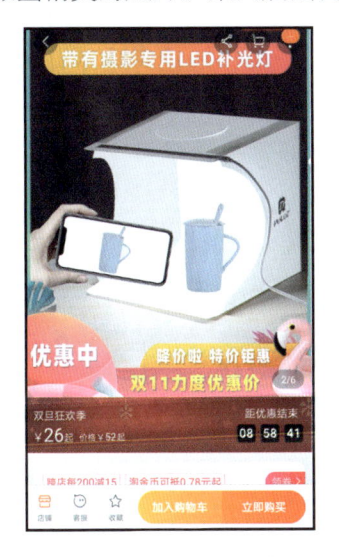

图2-6　某网店出售的简易摄影棚

2.1.2　不同角度的光线效果

光线方向是景物造型的主要条件，不同角度的光线不同，所以拍摄的效果也不同，下面展开介绍。

1．顺光（正面光）

顺光是指光线从正面照亮被摄体。在拍证件照时，前面有左、右两只大灯，这就是典型的顺光。顺光的特性在于可以均匀地照亮被摄体，但在这种光线下拍摄不容易突出被摄体的质感和轮廓。使用顺光拍摄商品的效果如图2-7所示。

2．侧光

侧光是指光线从侧面照亮被摄体。受侧光照明的物体有明显的阴暗面和投影，对物体的立体形状和质感有较强的表现力。使用侧光拍摄商品的效果如图 2-8 所示。

图 2-7　使用顺光拍摄商品的效果 　　　　　图 2-8　使用侧光拍摄商品的效果

3. 逆光（背面光）

逆光是指光线从后面照亮被摄体。在逆光照射条件下，层次分明，在拍摄全景时往往采用这种光线，使画面获得丰富的层次。逆光拍摄能够勾勒出被摄体的轮廓，起到与背景分离的目的。使用逆光拍摄的效果如图 2-9 所示。

4. 顶光

顶光是指光线从顶端照亮被摄体，这种光线可以起到淡化被摄体阴影的效果。使用顶光拍摄商品的效果如图 2-10 所示。

图 2-9　使用逆光拍摄的效果 　　　　　图 2-10　使用顶光拍摄商品的效果

2.1.3　自动对焦

数码照相机有两种对焦方式，分别为自动对焦和手动对焦。如图 2-11 所示，当镜头的对焦方式位于 AF 档时，表示数码照相机处于自动对焦模式；当镜头的对焦方式位于 MF

档时，表示数码照相机处于手动对焦模式。

目前，大部分数码照相机都配备了自动对焦功能，自动对焦主要包括 3 种方式：单次自动对焦、连续自动对焦和智能自动对焦。

如果采用智能自动对焦模式，在半按快门对主体对焦后，即使主体发生移动，数码照相机也可以自动进行跟踪。也就是说，数码照相机可以根据主体在对焦过程中是否运动，自动应用单次自动对焦或连续自动对焦功能。如图 2-12 所示，小狗正在蹲着休息，如果选用智能自动对焦模式，即使小狗由静止状态突然运动，它也能很好地被锁定。

图 2-11　对焦方式　　　　　　　　图 2-12　智能自动对焦

2.1.4　微距功能与细节展示

目前，市场上的大部分数码照相机都配置了微距功能，通过微距可以获取人们日常视觉看不到的东西，在拍摄时开启数码照相机微距功能，尽量靠近被摄体，然后按下快门即可。使用数码照相机微距功能拍摄的商品细节图如图 2-13 所示。

2.1.5　曝光补偿

现在的数码照相机普遍提供了曝光补偿功能，它既可以在一定程度上改善数码照相机因测光不准确而引起的曝光不足或曝光过度，也可以

图 2-13　使用数码照相机微距功能拍摄的商品细节图

根据拍摄者的意图创造出具有特殊艺术效果的作品。

曝光补偿可以在±2之间以1/3级为单位进行调节，如图2-14所示，当曝光标志处于中间位置时，表示当前设置为标准曝光量，未进行曝光补偿。如果将曝光标志向左调节，则减小曝光补偿；如果将曝光标志向右调节，则增加曝光补偿。

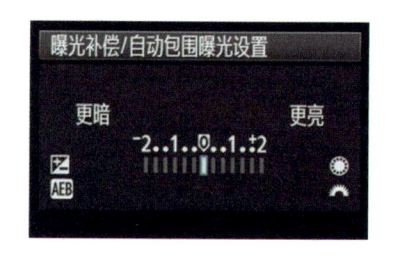

图2-14 曝光补偿

在进行曝光补偿的时候，如果照片过暗，则要增加曝光量，曝光量每增加1.0，相当于摄入的光线量增加1倍。需要增加曝光量的原则如下。

（1）如果被摄体背景很亮，如向阳的窗户前、逆光的景物等，则需要增加曝光量。

（2）如果拍摄环境比较昏暗，需要增加亮度，而闪光灯又无法起作用时，则可以对曝光进行补偿，适当增加曝光量。

（3）为了表现雪景晶莹剔透的气质，在拍摄时需要以雪作为测光基准，使用点测光的方式对雪面测光，并在此基础上增加1～2档的曝光补偿。

（4）在拍摄人物时，为了使人物的脸部更加白皙，多采用直接对脸部测光并增加曝光量的方法。

（5）在某些艺术摄影中，如拍摄高调的照片，需要增加曝光量，形成大对比度的效果，以便更好地表现拍摄者的拍摄意图。同样，如果需要刻意降低照片的亮度，那么应该减少曝光量。

2.1.6 白平衡

白平衡就是对图像进行调整，使在各种光线条件下拍摄出的照片色彩和人眼所看到的景物色彩完全相同。

在拍摄商品前需要对数码照相机进行手动白平衡设置，以便拍摄出来的照片不偏色，尽可能还原物体的真实色彩。偏色的照片会打消客户的购买欲望，因为这样的照片使商品看起来像是二手的。

在手动调节白平衡之前需要找一个白色参照物，如纯白的纸。有些数码照相机具有自定义白平衡功能，只要对着白纸就可以进行白平衡的调整。其操作过程大致如下。

（1）把数码照相机变焦镜头调到最广角（短焦位置）。

（2）将白纸放置好。

（3）将白平衡调到手动位置。

（4）先将白纸对着天空，再将镜头对着白纸，然后慢慢调到长焦，直到白纸充满屏幕。

（5）按一下"白平衡调整"按钮，直到取景器中的手动白平衡标志停止闪烁，这时白平衡即调整完成。这样拍摄出的商品照片色彩就很准确。

没有调整白平衡拍摄的照片如图 2-15 所示，定义白平衡之后拍摄的照片如图 2-16 所示。

图 2-15　没有调整白平衡拍摄的照片　　　　图 2-16　定义白平衡之后拍摄的照片

2.2　在户外拍摄商品

在户外拍摄商品，常见的拍摄地点有以下几个。

1．在公园长凳上拍摄

当利用公园长凳拍摄商品时，可以先试拍几张以找准曝光组合和拍摄角度。根据自己的判断调整照相机至满意效果，就可以进入正式的拍摄环节。在公园长凳上拍摄的照片如图 2-17 所示。

2．在花草中拍摄

公园里的草丛、花丛也可以作为拍摄地点。需要注意的是，拍摄物品的颜色和花草背景应该匹配。另外，让被拍摄商品与背景之间保持一定的距离，可以将背景虚化。在花丛中拍摄的照片如图 2-18 所示。

图 2-17　在公园长凳上拍摄的照片　　　　图 2-18　在花丛中拍摄的照片

3．在树荫下拍摄

公园里的树荫下也可以作为拍摄地点，利用明暗过渡的情景，可以将商品细节完美地表现出来，如图 2-19 所示。

4．在大学拍摄

大学的图书馆、主教学楼、体育场也是不错的拍摄地点。

5．在酒吧拍摄

也可以选择酒吧作为拍摄地点，酒吧的装修一般都有独特的风格，在拍摄时背景不要过于杂乱，尽量选择比较单一的背景，还要注意室内的光线，可以考虑在窗口附近拍摄或使用闪光灯补光。在酒吧里拍摄的照片如图 2-20 所示。

图 2-19　在树荫下拍摄的照片

图 2-20　在酒吧里拍摄的照片

6．在商场、大型超市里拍摄

商场、大型超市也可以作为拍摄地点，如图 2-21 所示。在拍摄的时候仍然需要注意拍摄背景要干净、简洁，尽量不要将不相关的东西拍摄进去。

图 2-21　在商场里拍摄的照片

2.3 表面材质不同的商品的拍摄

本节主要介绍吸光类商品、反光类商品和透明类商品的拍摄。

2.3.1 吸光类商品的拍摄

吸光类物体非常常见，如毛绒、呢子大衣、布料、毛线、橡胶及大部分塑料制品等都属于吸光类物体。常见的吸光类物体如图 2-22 所示。

图 2-22　常见的吸光类物体

吸光类物体在光线投射下会形成明暗相间的层次。吸光类物体的表面质感相差很大，有的非常粗糙，有的非常光滑，在拍摄布光时应区别对待。对于外表质感非常粗糙的商品，可以采用较硬的光质来拍摄；对于外表质感非常光滑的商品，可以采用柔和的光质来拍摄。

对于外表质感粗糙的物体，如粗陶、铸铁等，在拍摄时可以采用硬的直射光（如聚光灯、闪光灯、太阳光）直接照明，照射方位要以侧光、侧逆光为主，照射角度也要低一些，这样表面凹凸不平的质地会产生细小的投影，能够强化其肌理的表现。粗陶的拍摄如图 2-23 所示。

图 2-23　粗陶的拍摄

2.3.2 反光类商品的拍摄

常见的反光类商品主要有珠宝首饰、电镀制品和陶瓷类制品等，这类商品最大的特点是表面结构光滑如镜，反射能力非常强，如果采用直射光照射到这类商品的表面，就会改变光线的传播方向，产生强烈的眩光。反光类商品如图2-24所示。

图 2-24　反光类商品

拍摄反光类商品时，不要使用直射光，而是采用柔和的散射光线照明，或者使用柔光箱、反光板等光扩散工具对光线进行柔化（见图2-25），用反射光来照亮商品。柔和的光线能够降低商品表面的反光度，使其色调更加丰富，所以拍摄的照片更能表现出光滑的质感。

如图2-26所示，拍摄的是反光类商品。在拍摄反光类商品时，需要注意的是照相机和拍摄者的倒影不要投影到商品的反光面上，否则拍摄出的照片就会出现黑斑。可以通过大面积的柔光光源来降低商品反射的强度，使商品的色调和层次更加丰富，准确地表现出商品光滑的表面质感。

图 2-25　使用柔光箱柔化光线　　　　图 2-26　拍摄反光类商品

2.3.3 透明类商品的拍摄

常见的透明类商品包括各种透明玻璃制品和部分塑料器皿等，这类商品最大的特点是能让光线穿透其内部，如图 2-27 所示。

图 2-27　透明类商品

可以通过侧光、侧逆光和底部光来拍摄透明类商品，利用光线穿过透明体时因厚度不同而产生的光亮差别呈现出不同的光感，使其产生玲珑剔透的艺术效果，体现商品的质感。

可以选择在黑色背景下表现透明体。在布光时首先将被拍摄商品与背景分离，可以在被拍摄商品两侧使用柔光箱，然后在前方加一个灯箱，此时商品上半部分的轮廓也能表现出来，这样拍出来的效果会显得更加精致剔透。

如图 2-28 所示，无论拍摄的是玻璃瓶中的液体还是玻璃瓶，两者都属于典型的透明体，在拍摄这类商品时，可以采用折射光照明，让逆光、侧逆光的光源可以穿过透明体，表现其精致和玲珑剔透的质感。

图 2-28　拍摄香水

2.4 商品拍摄的基本构图技巧

对于商品拍摄者来说，掌握好构图的基本规律，并且能在拍摄时合理运用是非常必要的。本节主要介绍商品拍摄的基本构图技巧。

2.4.1 横式构图

横式构图是将被拍摄商品横向排列的构图方式，如图2-29所示。横幅画面（画面底边较长）强调的是水平面因素，展示的是画面的横向宽广，照相机横着使用拍摄的就是横幅画面。这种构图方式会给人一种稳定、可靠的感觉。

图 2-29　横式构图

2.4.2 竖式构图

竖式构图是将被拍摄商品竖立放置的构图方式，竖立放置的商品往往显得高大、挺拔。在竖式构图画面中，欣赏者的视线可以上下移动，可以把画面中上下部分的内容联系起来，如图 2-30 所示。

在构图中经常会出现竖线，竖式构图比横式构图富有变化，多条竖线组合时变化相对多一些，排列好的话能产生意想不到的效果。

图 2-30　竖式构图

2.4.3 对角线构图

对角线构图是将被拍摄商品沿对角线排列的构图方式。这种对角线构图使画面产生了极强的动势，表现出纵深的效果，将人们的视线引导到对角线的深处。对角线构图如图 2-31 所示。

图 2-31 对角线构图

与传统的横式构图和竖式构图相比，对角线构图可以给人一种更活泼的感觉，沿对角线摆放商品可以更好地展现商品的形态。

2.4.4 黄金分割法构图

黄金分割又称为黄金律，是一种数学比例关系，即将整体一分为二，较大部分与较小部分之比等于整体与较大部分之比，其比例关系为 1∶0.618，即长段为全段的 0.618。0.618 被公认为最具有审美意义的比例数字，因此被称为黄金分割。"井"字构图就是常见的应用黄金分割的例子。

黄金分割主要体现在对画面内部结构的处理上，如画面的分割、主体所处的位置，以及地平线、水平线、天际线等所处的位置。如图 2-32 所示，A、B、C、D 这 4 条线相交的区域就是黄金分割区域，画面的主体或分割线可以被安排在 4 个交点或 4 条线的附近。

在黄金分割构图的过程中，还应该考虑主体与陪体之间的呼应，同时，还要考虑影调、光线处理、色彩的表现等。黄金分割法构图如图 2-33 所示。

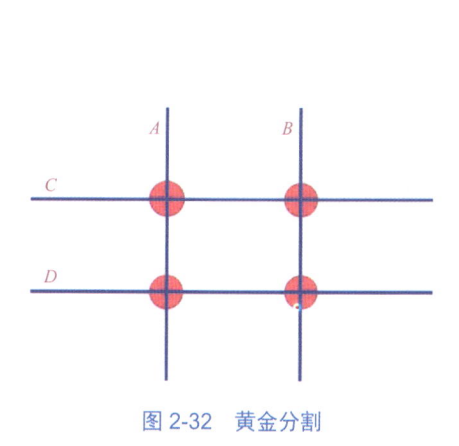

图 2-32　黄金分割

图 2-33　黄金分割法构图

2.4.5　对称式构图

对称式构图是指画面中的景物相对于某个点、某条直线或某个平面而言，在大小、形状和排列上具有一一对应的关系。对称式构图在视觉上呈现出一种平衡的画面。对称式构图具有均匀、整齐、稳定、相呼应的特点，但表现呆板、缺少变化。为了防止出现这种呆板的表现形式，可以在对称中构建一点点的不对称。对称式构图如图 2-34 所示。

图 2-34　对称式构图

2.4.6 曲线构图

曲线构图是将被拍摄商品沿曲线排列的构图方式。曲线既可以是规则的，也可以是不规则的，如对角式曲线、S 式曲线、横式曲线和竖式曲线等。曲线构图如图 2-35 所示。

图 2-35 曲线构图

2.4.7 其他艺术形式构图

除了前面介绍的构图方式，还有其他一些构图方式。

如图 2-36 和图 2-37 所示，由于商品摆放和组合方式不同因此产生了完全不同的构图和陈列效果，显然，图 2-36 更具有商业价值。当客户看到这两家店铺的商品图片时，会因视觉上的美感不同而产生不同的感受，进而直接影响到客户是否会购买这件商品。好的商品拍摄图片能够刺激客户的购买欲，而视觉感受恰恰是他们的价值判断中最重要的因素。

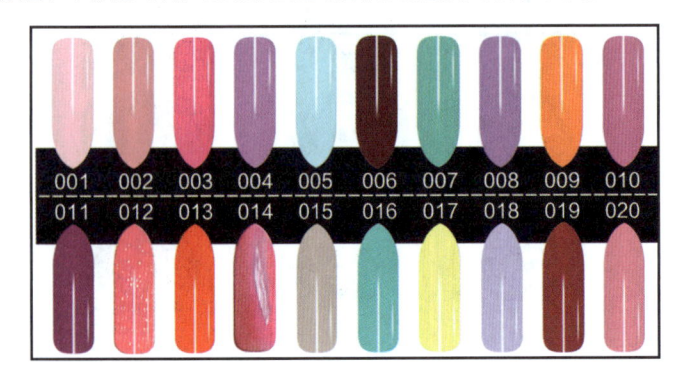

图 2-36 摆放整齐的构图

图 2-37 摆放杂乱的构图

1. 商品摆放角度

商品照片要拍得有艺术性，除了需要注意灯光、道具和摆放技巧，还需要注意摆放角度。下面介绍商品常见的摆放技巧。

有些商品因其材质或特性，被悬挂起来时可以让商品远离背景，拍摄出来的商品照片有一种背景朦胧的效果。如图 2-38 所示，可以将短的耳坠使用垂直悬挂的方式来摆放，人们的视觉习惯是视点朝下，这样的摆放方式可以使人们的视觉中心正好落到耳坠的串珠造型上。

图 2-38 使用垂直悬挂的方式来摆放

倾斜摆放可以让视线更具有动感，有时把商品倾斜地摆放比方正地摆放更灵动。例如，呈45°或八字形摆放时，可以有效地缩短商品长度在构图中占用的空间，将人们的视觉中心自然地引到商品的主要造型上，如图 2-39 所示。

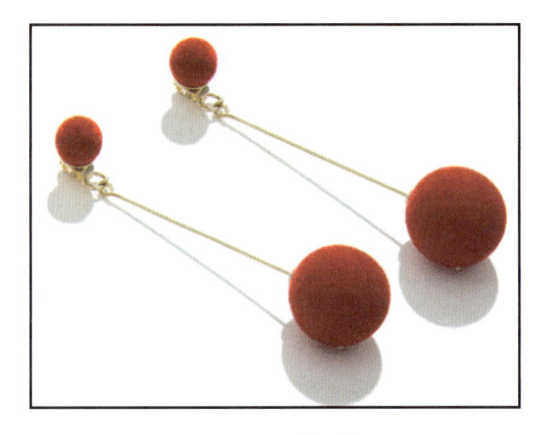

图 2-39　倾斜摆放

与单一商品放置相比，将几件商品摆放在一起在构图上有更多的组合。商品的排列组合可以呈现出规律性或随机的美感。例如，排列成几何图形或万花筒状都能带来视觉冲击，如图 2-40 所示。

图 2-40　摆放在一起

2. 商品外形的二次设计

每件商品在从流水线上生产出来时其外部形态就已经固定，在拍摄时充分运用想象力来二次摆放商品，可以使商品呈现出一种独有的设计感和美感。

皮鞋的摆放如图2-41所示。在拍摄皮鞋时，更应该注重细节的拍摄，如皮质、鞋跟、标志等细节都是重点。

图2-41 皮鞋的摆放

如图2-42所示，皮带是细条状的商品，在一定尺寸和比例的画面中，很难全面展示出来，因此，将皮带卷起来摆放可以有效地兼顾头和尾。

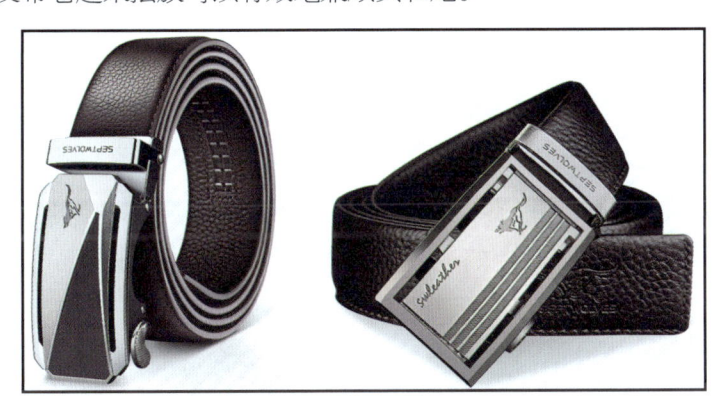

图2-42 皮带的摆放

3. 搭配拍摄

还可以采用搭配拍摄。例如，在平铺拍摄毛衣时，为了避免画面单调无趣，可以使用一些点缀物，如帽子、眼镜、皮包、饰品、鞋子等，选择一两样就可以，切记不要太繁复，否则容易产生喧宾夺主的感觉。搭配拍摄的毛衣如图2-43所示。

图 2-43 搭配拍摄的毛衣

搭配拍摄效果的商品图片会直接影响客户对商品的主观认识。很多时候，仅描述商品的尺寸无法给客户带来客观感受。如果在所出售的商品旁边摆上客户在生活中常见的物品，让客户自己感受该商品的实际尺寸，那么效果就会好很多。

4．摆放的疏密与序列感

在摆放多件商品时，最难的是兼顾造型的美感和构图的合理性，此时，可以采用有序列感和疏密相同的摆放方式，使画面显得饱满、丰富，而又不失节奏感和韵律感。

如图 2-44 所示，小物件往往需要通过一定的队列方式来摆放才会显得井然有序，珠子之间的距离和疏密度增加了构图上的透气性，给人一种视觉上的享受。

图 2-44 摆放的疏密与序列感

2.5 练习题

1. 填空题

（1）_____是常用的补光设备。

（2）_____是指光源位置与拍摄方向之间所形成的光线照射角度。

（3）_____的特性在于可以均匀地照亮被摄体，被摄体的阴影被自身遮挡，影调比较柔和，能隐没被摄体表面的凹凸及褶皱，但处理不当会比较平淡。

（4）毛绒、呢子大衣、布料、毛线、橡胶及大部分塑料制品都属于_____。

（5）常见的_____主要有珠宝首饰、电镀制品和陶瓷类制品等，这类商品最大的特点是表面结构光滑如镜，反射能力非常强。

2. 简答题

（1）为什么要布置场景？

（2）不同角度的光线效果如何变化？

（3）在户外拍摄时，常见的拍摄地点有哪些？

（4）表面材质不同的拍摄方式有哪些？

（5）常见的基本构图方式有哪些？

（6）商品的摆放技巧有哪些？

第 3 章

让客户心动的视觉优化

> 常见的店铺视觉元素包括文字、宣传海报、导航按钮、商品主图和短视频等,它们都是店铺外观的组成部分。为什么有的店铺在短时间内销量巨大?这些热销商品的页面设计是否有什么秘诀?通过分析这些热销商品的页面可以发现,无论这些页面采用何种设计方式,都处处彰显着店主的良苦用心。

知识导图

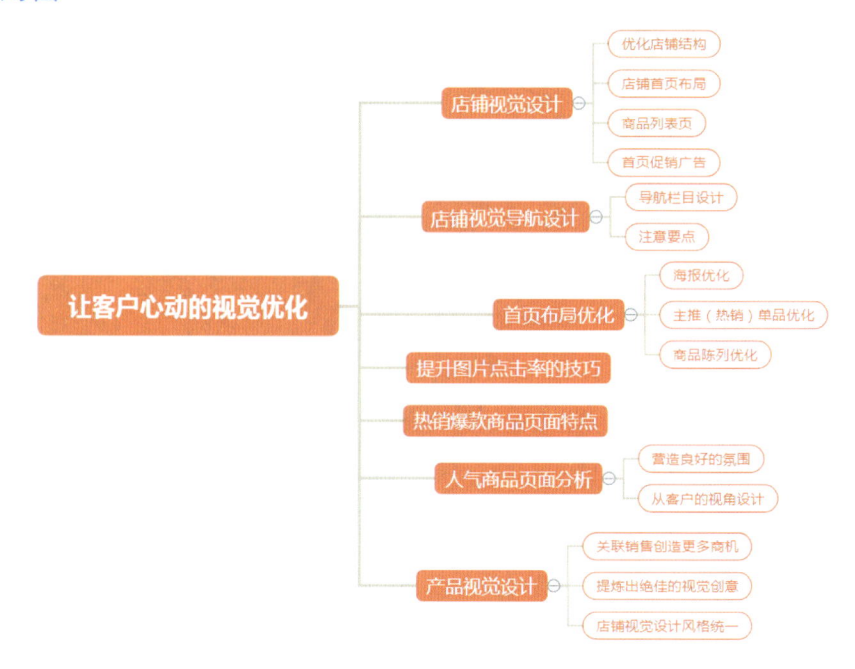

```
                                        ┌─ 优化店铺结构
                          ┌─ 店铺视觉设计 ─┤─ 店铺首页布局
                          │              ├─ 商品列表页
                          │              └─ 首页促销广告
                          │
                          ├─ 店铺视觉导航设计 ─┬─ 导航栏目设计
                          │                 └─ 注意要点
                          │
                          │              ┌─ 海报优化
让客户心动的视觉优化 ──────┼─ 首页布局优化 ─┤─ 主推(热销)单品优化
                          │              └─ 商品陈列优化
                          │
                          ├─ 提升图片点击率的技巧
                          │
                          ├─ 热销爆款商品页面特点
                          │
                          ├─ 人气商品页面分析 ─┬─ 营造良好的氛围
                          │                 └─ 从客户的视角设计
                          │
                          │              ┌─ 关联销售创造更多商机
                          └─ 产品视觉设计 ─┤─ 提炼出绝佳的视觉创意
                                         └─ 店铺视觉设计风格统一
```

第 3 章
让客户心动的视觉优化

学习目标

- 掌握店铺视觉设计。
- 掌握店铺视觉导航设计。
- 掌握首页布局优化。
- 掌握提升图片点击率的技巧。
- 掌握热销爆款商品页面特点。
- 掌握人气商品页面分析。
- 掌握产品视觉设计。

3.1 店铺视觉设计

对于店铺运营来说,其视觉设计是不可缺少的环节,客户在进店购物之前,都会对店铺的视觉设计有一个大致的印象。商家利用效果较好的视觉设计来吸引客户,从而将商品销售出去。

3.1.1 优化店铺结构

店铺的结构就好比建一栋房子,在打好基础的同时还要对其进行合理的布局。有的店铺结构层次分明,商品排列井然有序,客户很快就能找到自己需要的商品;有的店铺结构杂乱无章,商品显示混乱不堪,客户很难找到自己需要的商品。

显然,大部分客户会选择结构层次分明、商品排列井然有序的店铺购买自己所需的商品。可见,店铺结构的设计是非常重要的,店铺结构的基本要素如下。

- 店铺的主要结构:首页、列表页和详情页。
- 店铺页面的主要组成部分:页头、页面和页尾。

3.1.2 店铺首页布局

店铺首页布局主要是为了借助商品的展示来吸引客户,然后为客户提供明确的指导,最后达到视觉营销的目的。首页布局良好不仅可以使客户在短时间内树立起对店铺的信任，还可以为客户提供方便。

店铺首页布局的主要作用包括以下几点。

- 展示特色：大力展示店铺的特色和品牌形象，给客户留下深刻的印象，从而提升客户对店铺的忠诚度和信任感。
- 推动促销：在首页可以利用优惠、折扣、节假日等方式引导客户进行购物，激发他们的购物欲望。
- 搜索产品：在首页设置搜索功能，以便让客户的购物需求得以实现。

在进行首页布局时需要关注的指标包括以下几点。

- 访问量。
- 跳失率和出店率。
- 首页到商品详情页和分类页的点击率。

3.1.3 商品列表页

与首页相比，商品列表页很容易被忽视。商品列表的作用在于为客户提供更便捷、更高效的购物体验，所以商品列表页的布局应该清晰合理，功能易用是设计时需要注意的关键点。如图 3-1 所示，该商品列表页可以给人一种非常简洁的感觉。

商品列表页的功能就是将店铺想推荐的商品展示出来以吸引客户。在店铺视觉的打造过程中，商品列表页设计得越漂亮、越符合普通大众的视觉审美，光顾的客户就会越多。下面介绍店铺的商品列表陈列方式。

1. 对比法

可以采用颜色对比，这种排列方式常用于服装类。有些喜好整洁的商家可能会选择将颜色相近的衣服放在一起，觉得这样看上去更加美观。但同色系的衣服堆在一起可能会让客户一时难以判断这些衣服的区别，有些款式比较基础的可能就会被忽视。将颜色不同的商品放在一起，相对来说对比可能会比较明显，客户也能快速判断出自己喜欢的类型。如图 3-2 所示，将颜色不同的衣服放在一起，每件都特色鲜明，易于判断。

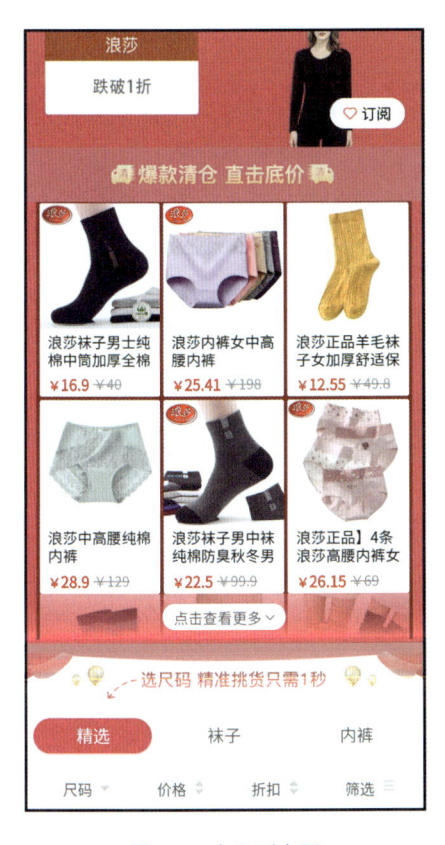

图 3-1　商品列表页

图 3-2　将颜色不同的衣服放在一起

2．同类分类法

为了让客户在琳琅满目的商品中快速找到自己所需的商品，商品列表页要提供强大的分类、筛选和排序功能。同类分类法按照商品的类型分门别类地排列，使用这种方法可以让客户对店铺所售卖的商品类别和具体商品一目了然。

3．突出重点法

由于平台上的商品资源非常丰富，因此在设计商品列表页时，可以通过重点突出商品价格、折扣优惠、品牌名称等来吸引客户购买，如图 3-3 所示。

▶电商多平台美工实战
淘宝、京东、拼多多

图 3-3　重点突出商品价格、折扣优惠

3.1.4　首页促销广告

目前，很多店铺都会有各种各样的促销活动，在店铺首页经常能看到商家的广告宣传，吸引客户去抢购。在店铺首页中，设计促销广告也是必要的。促销广告既要结构清晰、突出品牌内容，又要美感十足以彰显品牌的身份和品味。

首页要设计得既漂亮又整洁，让客户可以快速找到自己想要的商品，当然，首页促销广告也要设计得美观、大方，如图 3-4 所示。

图 3-4　促销广告应美观、大方

3.2　店铺视觉导航设计

好的店铺导航设计要做到便于客户理解和使用，下面介绍导航栏目设计和注意要点。

3.2.1　导航栏目设计

简单、直观的店铺导航不仅能提高店铺易用性，还能提高客户转化率。店铺导航如图 3-5 所示。

在设计导航栏目时需要注意以下基本要求。

（1）明确性：导航栏目的设计应该明确，让客户能一目了然。既能让客户在进入店铺时就能明确主要商品范围，也能让客户清楚自己所处的位置等。

（2）可理解性：导航对于客户来说应该是容易理解的。要使用清楚、简洁的导航文本。

（3）完整性：店铺导航要具体、完整，可以让客户获得整个店铺范围内的导航。

（4）易用性：导航系统应该容易进入，同时要容易退出当前页面，或者以简单的方式跳转到想要浏览的页面。

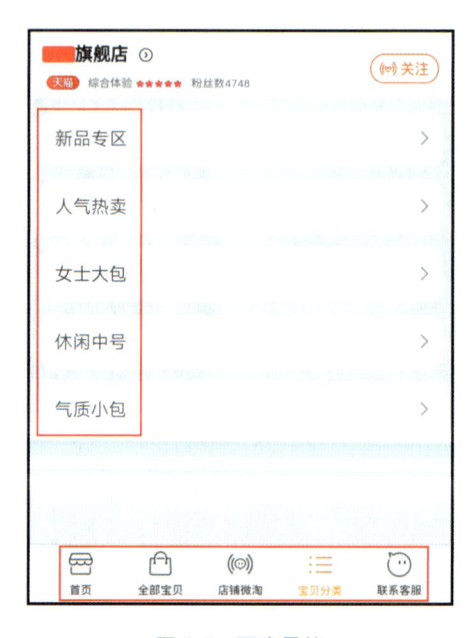

图 3-5 网店导航

3.2.2 注意要点

下面介绍常见的导航栏目设计的注意要点。

- 导航使用的简单性。导航的使用必须尽可能简单，不要使用过于复杂的导航。
- 不要采用"很酷"的表现技巧。
- 导航内容必须清晰。导航的目录或主题种类必须清晰，不要让客户感觉困惑。
- 准确的导航文字描述。客户在点击导航链接前对他们所找的商品有大概的了解，链接上的文字必须能准确描述链接所到达的页面内容。

3.3 首页布局优化

店铺首页布局会直接影响客户的体验及视觉感受，下面介绍店铺首页布局优化。

3.3.1 海报优化

店铺海报是商家向客户展示自家店铺商品和形象的一种海报，可以是品牌宣传、单品广告、活动广告等。一张好的店铺海报能够让客户明了店铺售卖的商品是什么，从某种意义上来讲能够增加店铺浏览量，进而提高店铺销量，所以，制作一张好的店铺海报显得尤为重要。

并不是所有的海报都可以让人产生购买欲望，每张海报所要表达的含义也是不一样的，所以会有很多因素用来判断一张海报设计得是否成功。产品、文案、背景、布局、配色是海报优化的重点。

（1）选择产品是非常重要的，产品会直接影响海报的主题或营销效果。一般可以选择不同角度的产品图片，或者突出产品卖点。

（2）文案其实就是一段具有吸引力的文字，通过文字走进客户的内心，刺激客户的购买欲望。好的广告文案比客服说多少甜言蜜语都更有力度，它能通过细腻的文字描述深入人心。海报中的文案如图 3-6 所示。

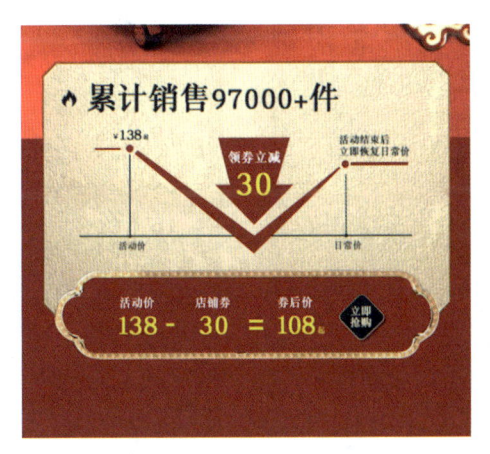

图 3-6 海报中的文案

（3）虽然背景是用来衬托文案和产品的，但其重要性也不能被忽略。好的背景可以衬托出主题氛围，刺激客户的购买欲望。背景一般是素材图片或直接拍摄的照片。

（4）布局要简洁，不要杂乱无章，要让客户在短时间内就能理解海报想要表达的含义。

（5）配色就是以产品的主色调为基色，再寻找与主色调相协调的色彩，使整体风格与产品或品牌的风格保持一致。

3.3.2　主推（热销）单品优化

网上的店铺是由一个个的单品组成的，如果每个单品销售得好，那么整店销量是否可以大增？

要让平台知道店铺的商品是优质的，比平台上同类的商品要好，这样平台才会把该家店铺的商品置于前面，为其商品提供更好的展现位置和机会。

每家店铺中都有几款热销单品，当然也是其大力推广的商品，通常会在首页的上半部分展示，如图 3-7 所示。然而，有些商品展示的先后顺序及位置对其销售也是有影响的，所以可以根据热力图得出商品的点击率，进而判断商品的展示是否合理。

图 3-7　热销单品

3.3.3 商品陈列优化

当店铺商品比较多时，陈列一定要整齐统一，并且把同一系列的商品放在某个独立的区域。根据该模块中各商品的点击情况，统计出单品的点击热度分别是多少次，把点击次数最少的图片进行替换。一般以 3～7 日为一个周期。某店铺的商品陈列优化情况如图 3-8 所示，点击不同类别会出现不同的商品。

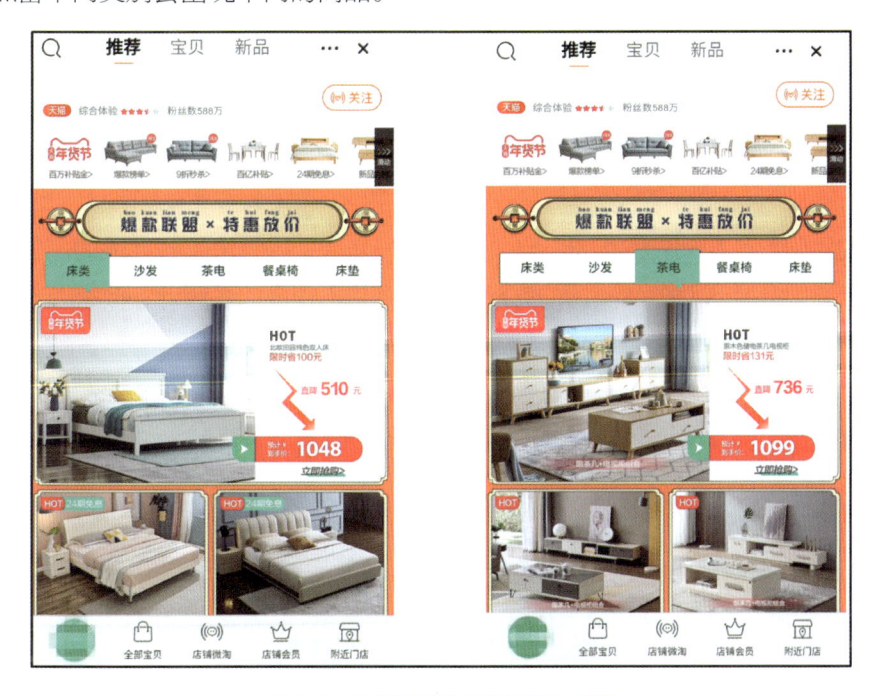

图 3-8　某店铺的商品陈列优化情况

每个系列中都有很多不同的商品，这就需要经常调整，常换常新，让客户进入店铺后有新鲜感，这也会带动其他商品的展示，当然，也可以测试出哪款商品的图片更具有吸引力。

3.4 提升图片点击率的技巧

在店铺中，无论是自然搜索的流量还是付费广告的流量，都和商品图片的创意密切相关。图片的点击率是判断商品是否受欢迎的重要指标之一。

图片的视觉创意效果直接影响点击量。要想提高图片的点击量，只能通过更换更吸引客户的图片来实现，进而提升点击率。由此可知，提升点击率是一个持续优化图片的过程。

在图片的持续优化过程中，最重要、最核心的功能只有一个，那就是向客户传递有效信息。本节将重点讲述几种技巧，用来帮助商家增强图片传递有效信息的能力，从而增加点击量，提升点击率。

3.4.1 场景营造

客户的体验均是在相应的场景下开展的，客户是借助场景来了解商品的。在不一样的场景下，客户对商品或服务体验后的感触与回忆也是不一样的。因此，商家若想打造良好的客户体验，需要先以客户为重心，打造一个适宜的场景。

场景营造就是对图片主题场景进行有针对性的设计，令客户置身其中，从而给客户较强的代入感。优秀的场景营造能提升商品的认知度，刺激客户的购买欲望，提升点击率。

人们经常将公园、河边、草丛等自然景色作为拍摄背景。如图 3-9 所示，这张照片就是将草丛作为自然的拍摄背景。在自然背景下拍摄出的照片更加自然，看起来也更加真实。

图 3-9　场景营造

3.4.2 创意技巧

如图3-10所示,在商品主图上设计出来的卖点并不一定是促销内容,而是吸引客户眼球的亮点,是商品的核心竞争力。当客户看到的广告图是直观、震撼的图片时,就会立即吸引眼球,进而刺激冲动购物的神经,迅速联想到这个商品最突出的优势。

图 3-10 创意技巧

3.4.3 促销主题

大部分客户比较喜欢有促销活动的商品,所以,可以将促销折扣信息设置到商品图片中,以提高点击率。例如,"限时抢购"和"最后 1 天"等促销文案会让人有一种再不买就会错过的紧迫感。但是促销信息应尽量简单、字体统一,尽量保持在 10 个字以内,要做到简短、清晰、有力,避免出现促销信息混乱、喧宾夺主、字号比例失调等问题。促销是提升图片点击率的通用法宝,任何一种技巧和促销搭配,都会让点击率成倍提升,如图 3-11 所示。

图 3-11 促销主题

3.4.4 细节放大

店铺商品细节图是指通过图片的方式,将商品的局部细节放大,从而达到更清楚地介绍商品、美化商品详情页的目的。商家可以根据商品本身的卖点和优势进行细节展示。将商品的细节放大不仅可以让客户更深入地了解商品信息，还可以增加客户对商品的认可度，达到提升点击率的目的，如图 3-12 所示。

图 3-12　细节放大

3.4.5　环境差异化

图片必须有展示场景，在场景中凸显出使用环境，这样才能提升点击率。所以，要判断图片的好坏，应以场景为先决条件。每种商品都应该用不同的场景展示，如图 3-13 所示，这种服装适合登山的环境。

图 3-13　适合登山的环境

3.4.6 点睛文案

因为文字的辨识度非常高,所以可以在广告图中用精炼的文字来阐述产品卖点,用非常独特的文案吸引客户眼球,引起客户的好奇心,从而达到提升点击率的目的。广告图是用图少字多且醒目的形式展现的,如图 3-14 所示。

图 3-14 点睛文案

3.5 热销爆款商品页面特点

本节主要介绍热销爆款商品页面特点。

3.5.1 页面生动、有趣

长页面可以展示出更多的商品,但是页面太长也不好,因为客户很难找到自己需要的商品,而且容易感到厌倦。页面设计要生动、有趣,应该使用客户喜欢的语言展示商品,使客户愉快地下拉滚动条。

如图3-15所示,页面虽然比较长,包括很多商品图片,但是客户在浏览页面的过程中没有感到一点厌倦。生动的图片、亲切的文字、自由的版式设计,可以营造出轻松、愉快的氛围。

图3-15 页面生动、有趣

3.5.2 引导客户购买搭配商品

很多客户在网上购物时,都会遇到这样的情况:购买了一件商品,还想买一件与其搭配的商品,如买了一台笔记本电脑还想搭配一个笔记本电脑背包,买了一件上衣还想买一条搭配的裤子,然后逐一搜索,不仅浪费时间,还不能省钱。因此,购买搭配套餐组合商品,不仅能帮助客户一次性解决问题,还省事、省时、省钱。

搭配套餐就是把相关的商品搭配组合成套餐，如护肤品组合、服装搭配购、数码套餐等，客户在购物时可以灵活选择套餐中的任意几个商品购买，套餐的总价低于原商品一口价的总和。

页面中应该陈列店铺的其他商品，使客户在该页面停留更长的时间。即使客户对当前所浏览的商品不满意，但在看到同一家店铺销售的其他商品后，也许就会产生购买的欲望。另外，即使客户已经决定购买现在所浏览的商品，但在浏览其他搭配商品的同时，也会产生再购买一两种商品的打算。如图3-16所示，页面虽然销售的是数码照相机，但是陈列了相关的搭配商品。

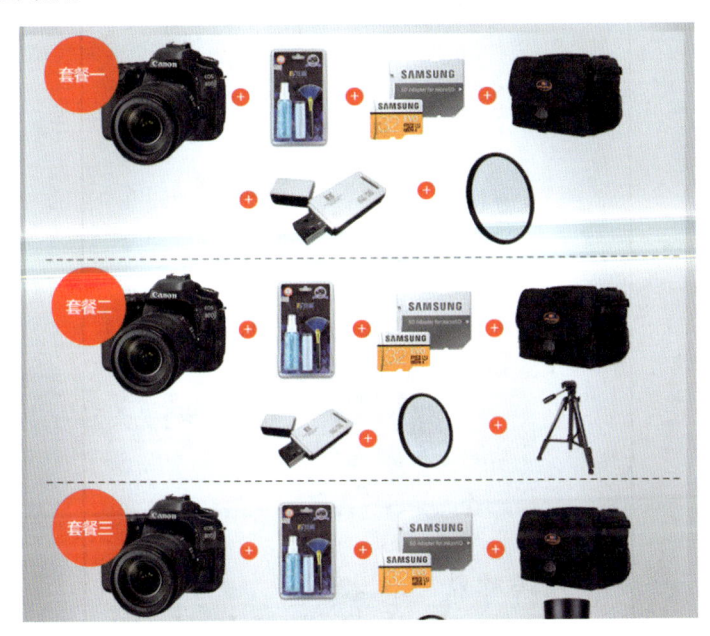

图3-16　搭配其他商品

3.5.3　通过商品图片了解商品的尺寸

越来越多的店铺倾向于采用真人模特进行拍摄，特别是服装类商品，这种拍摄方式不仅能够更好地展示商品的样式、颜色和外观，还能通过图片让客户了解到商品的实际尺寸。商家应尽量选择适合商品气质的模特。

在服装店铺的页面中，在标明模特身材与商品尺寸的同时，还要展示模特穿上商品后的照片。如图 3-17 所示,通过模特展示商品,客户可以据此了解商品的实际尺寸。

图 3-17　商品搭配模特

3.5.4　商品描述信息准确、详细

在网上开店做生意,最重要的是把商品的客观信息准确地传递给客户。通过图片只能

展示商品的形状、尺寸、颜色等信息，无法展现出商品的性能、材料、产地、售后服务等信息，这些信息必须通过文字描述来说明。

商品描述信息非常重要，可以影响客户能否下单购买。很多店主会在商品描述上花费很大的心思，但经过一段时间的观察会发现，客户的转化率仍然不高。究其原因，主要还是商品描述信息不够详细。如图 3-18 所示，页面中有详细的商品描述信息。

图 3-18　页面中有详细的商品描述信息

撰写商品描述信息时应该注意如下几个方面。

- 向供货商索要详细的商品信息，包括材料、产地、售后服务、生产厂家、商品的性能等。
- 商品描述信息（如商品的内容、相关属性、使用方法和注意事项等）一定要准确。
- 使用更直观的表现形式，如使用文字+图片+表格的形式。
- 参考同行店铺。可以浏览同行的店铺，了解它们描述的商品信息。
- 添加相关推荐商品，如本店爆款商品、促销商品、特价商品等。
- 添加服务意识和规避纠纷信息，客户平时非常关心的一些问题、有关商品问题的介绍和解释等必不可少。

3.5.5 分享购买者的评价

淘宝买卖双方交易成功之后，双方均有权对对方做出评价，称为信用评价。良好的信用评价是商品成交与否的重要决定因素。客户的评价可以对正在犹豫是否购买商品的客户起到很重要的作用，因为店铺提供的商品信息宣传性太强，而客户留下的评论却比较真实。如图3-19所示，在页面中添加以往的客户评价图片。在给予客户对商品的信任方面，没有任何信息比得上客户使用后的评论语言。

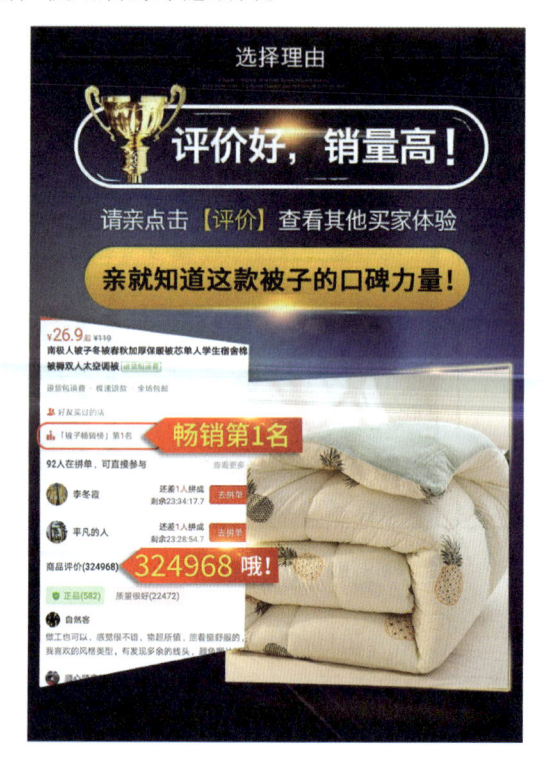

图 3-19　客户评价图片

3.5.6 展示相关证书和证明材料

在商品描述信息中还可以添加能够证明店铺技术实力的相关证书和证明材料，如产品质量合格证书、产品质量检测报告、生产厂家获得的荣誉证书等，这些证书可以大大提高店铺及其商品的可信度。如图3-20所示，可以在页面中展示商品的相关证书和证明材料。

图 3-20 在页面中展示商品的相关证书和证明材料

3.5.7 文字清晰易读

文字主要用于传达信息，但如果大面积使用文字，而且没有做好排版，则不容易阅读。想要准确、快捷地把商品信息传达给客户，文字应该有很强的可读性。标题或重要文字可以加大字号或加粗，用来提高文字的阅读性。强调类文字要使用醒目的颜色，以提高可读性。如果文字内容较多，那么每段之间还需要留出足够的空白。如图 3-21 所示，可以在页面中使用表格排列文字，以提高文字的可读性。

无渣免滤		15大菜单		一键清洗	
产品名称：	加热破壁机	型 号：	769S		
电 机：	高扭力大功率	尺 寸：	232mm×200mm×505mm		
颜 色：	至尊红、金刚灰	杯体容量：	1.75 L		
额定功率：	1500W	预约功能：	有		
额定电源：	220V~ 50Hz	净 重：	5.5kg		

图 3-21 使用表格排列文字可以提高其可读性

3.6 人气商品页面分析

人气商品页面有很多人进入是因为人气商品页面在设计时，首先站在客户的立场考虑问题，如营造良好的氛围、从客户的视角设计。

3.6.1 营造良好的氛围

在设计页面时，应该尽可能营造良好的氛围，把商品突出的特色充分体现出来。要让客户在进入页面看到商品时就会产生迫切的购买欲望。

例如，在节假日期间，在页面中要营造良好的节日气氛，让各种温馨的促销信息冲击客户内心。在整体设计中要突出节日氛围，如在店铺首页、详情页、爆款推荐区、促销区添加节日元素。

如图3-22所示，页面设计突出节日的氛围，营造一种火热的促销氛围，同时推出"满就减"和"店铺优惠券"等活动。

图 3-22 页面设计突出节日的氛围

3.6.2 从客户的视角设计

在设计时要从客户的视角出发，如使用客户认同的语气、选择客户喜好的颜色、推荐客户喜欢的商品等，与客户的距离越近，越能设计出人气商品页面。

某童装店铺的页面如图3-23所示。童装销售的主要目标是孩子的母亲，所以设计的重点在于先考虑母亲希望给孩子穿什么样的衣服，再确定设计理念。要让页面激发母亲对儿时的怀念。店铺不仅要在商品上得到母亲的认同，还要为其搭建一个共有的空间。

图 3-23　某童装店铺的页面

3.7　产品视觉设计

产品的视觉主要是针对产品的展示效果而言的，而这其中又涵盖了视觉效果打造的许多细节方面，如关联销售等。产品视觉效果不仅会直接影响销量，还会影响品牌的宣传。因此，打造产品视觉至关重要。

3.7.1　关联销售创造更多商机

商家在进行视觉运营的过程中，不能仅仅将眼光停留在某一商品的销售思维中，这样很难带动整家店铺商品的售卖。最好的方式就是将商品进行组合营销，捆绑售卖，这样就能带动其他商品的销售。

商品管理搭配法一般出现在服装和日用品中。客户有购买意愿的商品和商家推荐购买的商品是一套，如上衣和裤子、鞋子和袜子等。某家卖女装的店铺的搭配如图 3-24 所示。

图 3-24 某家卖女装的店铺的搭配

某条链接本来售卖的是白色长袖 T 恤衫，但是在商品详细介绍的过程中，商家将搭配的牛仔长裤的链接也放在关联销售区中。客户在不断对比和观察中会发现这件白色长袖 T 恤衫和牛仔长裤比较搭，于是客户就有可能选择购买一整套衣服。

商家在掌握好关联销售的技巧后，还应该对关联销售的效果进行相关的检测。这样做的好处包括以下两点：一是可以对关联销售进行实时跟进，从而不断升级关联销售的方式；二是能够赢得客户的好评，从而推动商品的销售。

3.7.2 提炼出绝佳的视觉创意

有时候将商品通过特殊的方式排列起来，会形成富有创意的视觉效果。在店铺详情页中，商家可以将卡通人物和建筑等与商品搭配，并进行有创意的排列组合，带给客户非同一般的视觉享受，如图 3-25 所示。当然，商家还可以通过商品颜色的搭配来形成文字，以便烘托节日氛围。

这种特殊的排列方式也可以运用在店铺的首页中，其优势主要有以下几点。

- 吸引客户的注意力。
- 与活动主体相契合。
- 突出商品的特色优势。
- 与其他店铺商品进行区分。

图 3-25　富有创意的商品排列组合

3.7.3　店铺视觉设计风格统一

风格统一在视觉效果打造过程中很重要。如果商品的定位是时尚潮流，那么视觉设计应该符合时尚前卫的标准；如果商品属于文艺清新的类型，那么围绕商品和店铺进行视觉设计时也应该倾向于文艺清新。巨大的反差很难让客户在短时间内接受，因此表里如一才是正解。视觉风格统一的页面如图 3-26 所示。

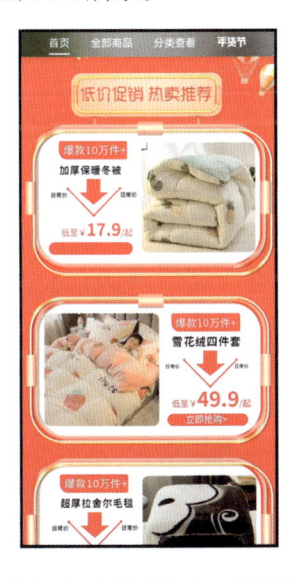

图 3-26　视觉风格统一的页面

3.8 练习题

1. 填空题

（1）店铺的结构就好比建一栋房子，在打好基础的同时还要对其进行合理的布局。店铺的主要结构包括_____、_____和_____。

（2）_____是商家向客户展示自家店铺商品及其形象的一种海报，可以是品牌宣传、单品广告、活动广告等。

（3）_____就是对图片主题场景进行有针对性的设计，令客户置身其中，从而给客户较强的代入感。

（4）搭配套餐就是把相关的商品搭配组合成套餐，如护肤品组合、服装搭配购、数码套餐等。

（5）_____在视觉效果打造过程中很重要。如果商品的定位是时尚潮流，那么视觉设计应该符合时尚前卫的标准。

2. 简答题

（1）店铺首页布局的主要作用有哪些？

（2）店铺的商品列表陈列方式有哪些？

（3）如何提升图片点击率？

（4）热销爆款商品的页面设计有哪些特点？

（5）在填写商品描述信息时应该注意哪几个方面？

第 4 章

网店页面配色技巧

色彩搭配在网店页面设计时是非常重要的，不同的色彩会带给客户不同的心理感受。好的色彩搭配可以给客户留下深刻的印象。本章将介绍网店页面配色技巧，包括色彩的原理、色彩搭配技巧、不同色彩的配色方案和适用的网店。

知识导图

```
                          ┌─ 色彩的原理
                          ├─ 色彩搭配技巧
                          ├─ 红色系的配色 ─┬─ 红色系适合的配色方案
                          │                └─ 适用红色系的网店
                          ├─ 橙色系的配色 ─┬─ 橙色系适合的配色方案
                          │                └─ 适用橙色系的网店
                          ├─ 黄色系的配色 ─┬─ 黄色系适合的配色方案
          网店页面配色技巧─┤                └─ 适用黄色系的网店
                          ├─ 紫色系的配色 ─┬─ 紫色系适合的配色方案
                          │                └─ 适用紫色系的网店
                          ├─ 绿色系的配色 ─┬─ 绿色系适合的配色方案
                          │                └─ 适用绿色系的网店
                          ├─ 蓝色系的配色 ─┬─ 蓝色系适合的配色方案
                          │                └─ 适用蓝色系的网店
                          └─ 无彩色的配色 ─┬─ 白色系的网店
                                           ├─ 灰色系的网店
                                           └─ 黑色系的网店
```

学习目标

- 掌握色彩的原理。
- 掌握色彩搭配技巧。
- 掌握不同色彩的配色方案和适用的网店。

4.1 色彩的原理

大自然是多姿多彩的，如成熟的稻子是黄色的，大海是蓝色的，橙子是橙色的……色彩五颜六色、千变万化。日常所见的光实际上是由红、绿、蓝这 3 种波长的光组成的，物体经光源照射，吸收和反射不同波长的红光、绿光、蓝光，经由人的眼睛，传到大脑形成了人们看到的各种颜色。也就是说，物体的颜色就是它们反射的光的颜色。红、绿、蓝这 3 种波长的光是自然界中所有颜色形成的基础，光谱中的所有颜色都是由这 3 种光的不同强度构成的。

把红色、绿色和蓝色交互重叠就产生了混合色，如青色、洋红色和黄色，如图 4-1 所示。

常见的色彩可以分为无彩色和有彩色两大类。无彩色包括黑色、白色和灰色，这些色彩不包括在可见光谱中，所以称为无彩色。

有彩色是指红色、橙色、黄色、绿色、青色、蓝色和紫色这 7 种基本色及其混合色。有彩色是由光的波长和振幅决定的，波长决定色相，振幅决定色调，如图 4-2 所示。

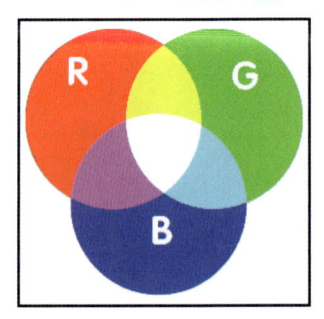

图 4-1 红色、绿色和蓝色交互产生混合色

图 4-2 有彩色

有彩色包括 6 种标准色：红色、橙色、黄色、绿色、蓝色和紫色，如图 4-3 所示。这 6 种标准色又细分为三原色和二次色。

> 三原色是指红色、黄色和蓝色，如图 4-4 所示。
> 二次色是指紫色、橙色和绿色，处在三原色之间，如图 4-5 所示。

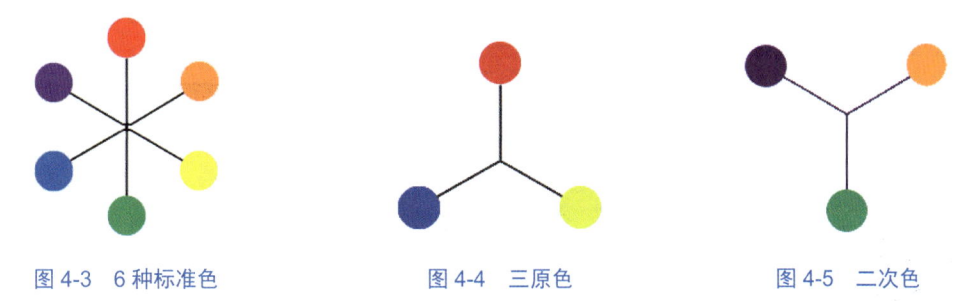

图 4-3　6 种标准色　　　　图 4-4　三原色　　　　图 4-5　二次色

4.2　色彩搭配技巧

下面介绍设计页面时应该了解的一些色彩搭配技巧。

1．色彩的鲜明性

网店页面要有鲜明的色彩，容易引人注目，给浏览者耳目一新的感觉。色彩鲜明的页面如图 4-6 所示。

图 4-6　色彩鲜明的页面

2．色彩的独特性

网店页面的用色要有独特的风格，这样才能给客户留下深刻的印象。采用独特色彩的页面如图 4-7 所示。

67

3. 同种色彩搭配

同种色是指一系列的色相相同或相近，由于明度发生变化，而将色彩变淡或加深，产生新的色彩，这种方式可以营造出统一整洁的画面效果，如图 4-8 所示。

图 4-7　采用独特色彩的页面　　　　　　　　图 4-8　同种色彩搭配

4. 对比色彩搭配

在通常情况下，对比色是指在色相环上间隔 120° 左右的两种色彩，最常见的是红色和蓝色之间的对比，这种对比最能体现色彩之间的差异。使用大面积的对比色可以展现出页面鲜明、个性的视觉效果，产生强烈的视觉冲击力。通过合理地使用对比色，网店特色会更加鲜明，重点也会更加突出，如图 4-9 所示。

图 4-9　对比色彩搭配

5. 邻近色彩搭配

邻近色是指色环上在 60° 和 90° 之间的颜色，常见的邻近色有绿色和蓝色、红色和黄色。使用邻近色搭配的页面可以达到和谐统一的效果。使用红色和黄色作为邻近色搭配的页面如图 4-10 所示。

6. 有主色的混合色彩搭配

有主色的混合色彩搭配是指以一种颜色作为主色，其他颜色作为辅色，形成缤纷而不杂乱的搭配效果，如图 4-11 所示。

图 4-10　使用红色和黄色作为邻近色搭配的页面　　图 4-11　有主色的混合色彩搭配的页面

4.3　红色系的配色

红色是一种暖色调，而且色彩鲜明，很容易吸引人们的注意力。红色在各种类型的媒体设计中都有广泛的应用，如报纸、电视、电影、网络媒体，红色经常用来表达积极向上、热情、温暖的形象与精神。红色的色阶如图4-12所示。

图4-12 红色的色阶

4.3.1 红色系适合的配色方案

红色是设计中最常用的色彩之一，常见的红色系配色方案如图4-13所示。

图4-13 常见的红色系搭配方案

红色系的配色方案如下。

- 在红色中添加少量的黄色，可以增加页面的动感和喜悦气氛。
- 红色与黑色搭配比较常见，经常用于前卫、时尚的页面中。

4.3.2 适用红色系的网店

在网店页面色彩搭配中，红色是常见的主色调。特别是，节假日期间的网店页面通常选用红色，其他常见的红色搭配的网店还有化妆品、女装、婚庆用品等。红色与橙色、黄色搭配，适合食品、饮料类网店，因为这几个色系和人们在日常生活中常见食品的颜色很接近。

如图4-14所示，该网店的页面以红色为主色调，通过与黄色搭配使用，营造出喜庆、动感的氛围。

图4-14　以红色为主色调且搭配黄色的页面

4.4　橙色系的配色

橙色居于红色和黄色之间。橙色是暖色调的色彩，可以带给人们温暖和热烈的感觉。橙色的色阶如图4-15所示。

图4-15　橙色的色阶

4.4.1 橙色系适合的配色方案

橙色可以用来强化视觉。橙色在网店页面设计中的使用范围非常广。可以通过微调橙色色相，营造出深浅不同的颜色。常见的橙色系配色方案如图4-16所示。

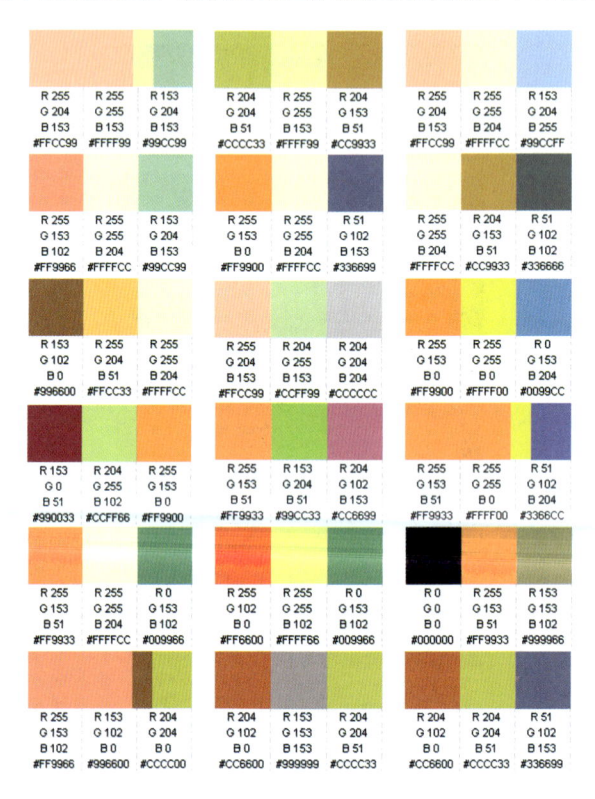

图4-16 常见的橙色系配色方案

橙色系的配色方案如下。

- 在橙色中添加少量的蓝色，可以产生强烈的对比。
- 高亮度的橙色页面，可以让人产生晴朗、新鲜的感觉。
- 在橙色中添加少量的红色，可以让人产生明亮、温暖的感觉。

4.4.2 适用橙色系的网店

橙色是积极、活跃的色彩。橙色的主色调适用范围比较广泛。由于橙子、面包、汉

第 4 章
网店页面配色技巧

堡、油炸的鸡柳和鸡排等食品的色彩与橙色相似，因此这些食品类网店页面可以采用橙色搭配。除了食品，一些家居用品、时尚品牌、儿童玩具类的网店也可以使用橙色系。

橙色与黄色等邻近色搭配的网店页面如图 4-17 所示，其在视觉上处理得井然有序，整个页面看起来具有新鲜、充满活力的感觉。

图 4-17　橙色与黄色等邻近色搭配的网店页面

4.5　黄色系的配色

黄色色彩鲜艳明亮，能给人留下光辉、绚烂、鲜丽的印象。黄色的色阶如图 4-18 所示。

图 4-18　黄色的色阶

4.5.1　黄色系适合的配色方案

黄色也是网店页面设计中最常用的颜色之一。黄色和许多颜色都可以搭配，黄色搭配

73

的网页有温暖感，给人以快乐、希望、智慧和轻快的感觉。黄色还具有神秘的宗教色彩。常见的黄色系配色方案如图 4-19 所示。

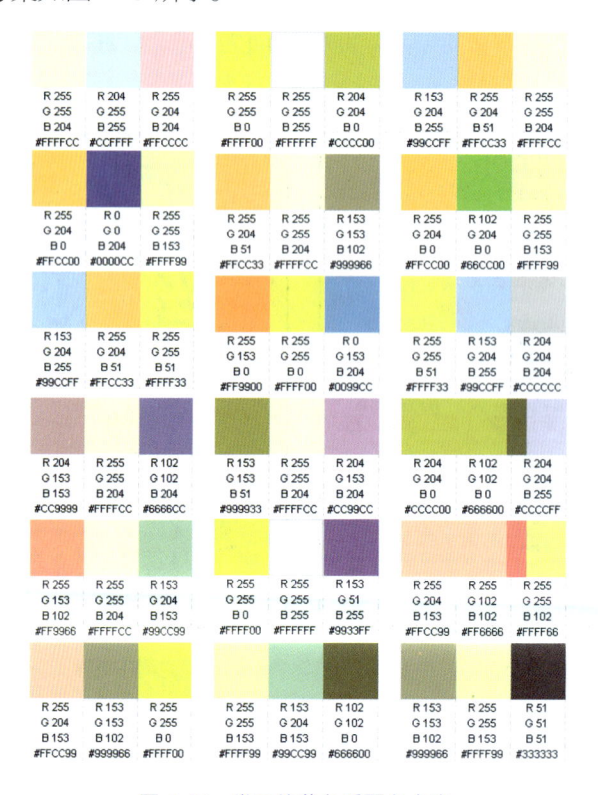

图 4-19 常见的黄色系配色方案

黄色系的配色方案如下。

- 在黄色中添加少量的蓝色，会给人一种祥和、平易、清静、安宁的感觉。
- 在黄色中添加少量的红色，会给人一种热情、激情、温和、温暖的感觉。
- 在黄色中添加少量的黑色，会给人一种沉稳、成熟、顺心、和蔼的感觉。
- 在黄色中添加少量的白色，会给人一种含蓄、易于接近的感觉。

4.5.2 适用黄色系的网店

黄色可以用于食品类的网店页面设计。在很多网店页面设计中，黄色可以用来表现欢庆、庆贺的气氛，采用黄色系搭配设计的网店页面可以给人一种华贵的感觉。适用黄色系的网店页面如图 4-20 所示。

图 4-20 适用黄色系的网店页面

4.6 紫色系的配色

紫色给人一种疑难、神奇、神秘、奥秘、怪异、机密的感觉。紫色代表着尊贵、华贵、高尚、高雅，也象征着庄严、端庄、神圣、浪漫、温情、烂漫。紫色的色阶如图 4-21 所示。

图 4-21 紫色的色阶

4.6.1 紫色系适合的配色方案

紫色是非常适合女性的颜色。紫色给人的感觉通常是文雅、斯文、温婉、高雅、华丽、高贵。紫色更是女性化的代表颜色。不同色调的紫色可以营造出非常浓郁的女性化气息，而且在白色的背景色和灰色的衬托下，紫色可以显示出更大的魅力。常见的紫色系配色方案如图 4-22 所示。

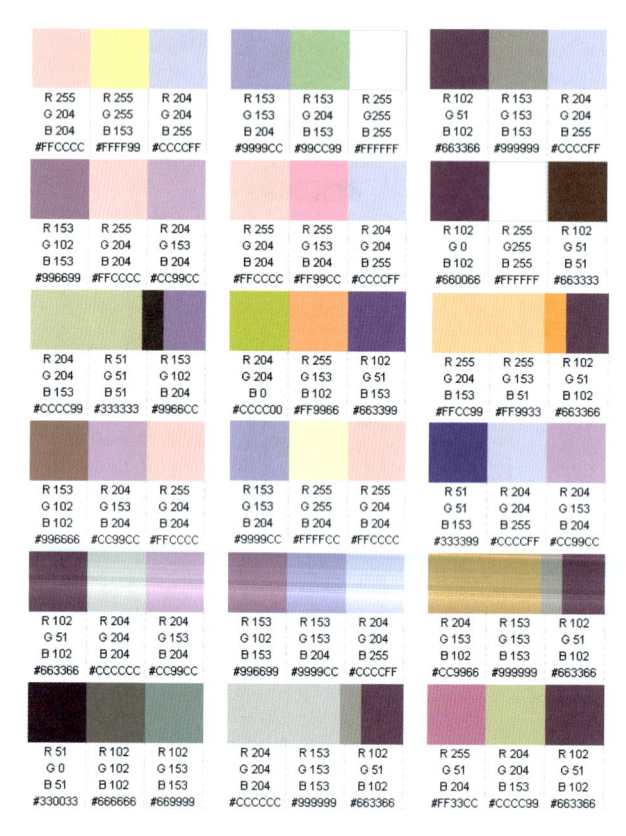

图 4-22 常见的紫色系配色方案

紫色系的配色方案如下。

- 当紫色中红色的成分较多时，会给人一种压抑、克制、禁止、要挟的感觉。
- 在紫色中添加少量的黑色，会给人一种郁闷、悲伤、可怕、恐惧的感觉。
- 在紫色中添加白色，会给人一种温婉、高雅、娇气的感觉，并且充满女性的魅力。

4.6.2 适用紫色系的网店

女性的网店页面或艺术品类的网店页面设计经常采用紫色系搭配。另外，紫色是高雅、华贵的色彩，很适合表现贵重、奢侈、豪华的商品。如图4-23所示，网店页面使用低纯度的暗紫色，能很好地表达优雅、自重、高品位的感受。

图4-23 适用紫色系的网店页面

4.7 绿色系的配色

绿色给人一种清新、清晰、理想、志向、梦想、希望、成长、孕育的感觉。绿色常用来设计卫生保健业、教育行业、农业的网店页面。绿色的色阶如图4-24所示。

图4-24 绿色的色阶

4.7.1 绿色系适合的配色方案

绿色是一种常见的设计色彩，让人感觉舒适。绿色居于黄色和蓝色之间，偏向自然美，可以传达生机盎然、枝繁叶茂、生机勃勃的意象。绿色可以与很多色彩搭配达到和谐的效果。常见的绿色系配色方案如图 4-25 所示。

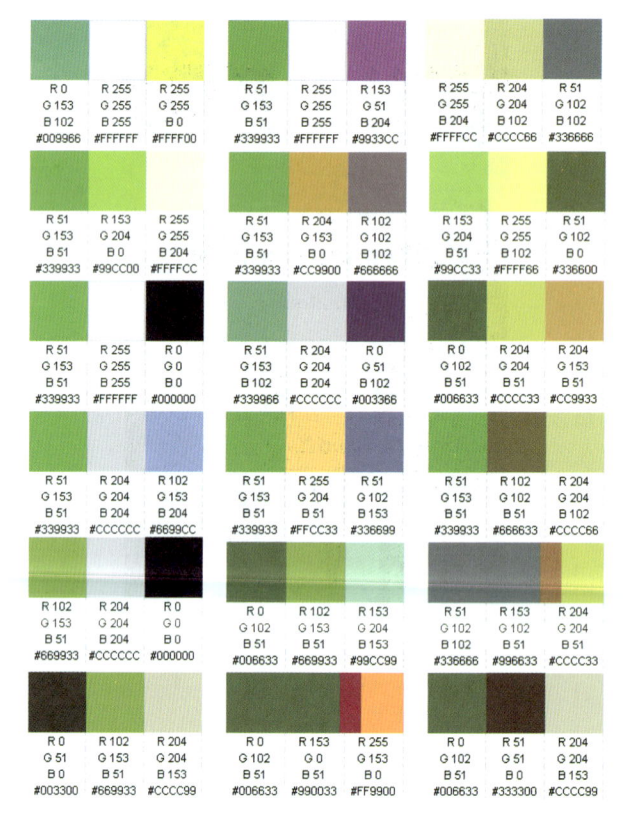

图 4-25 常见的绿色系配色方案

绿色系的配色方案如下。

- 当绿色中黄色的成分较多时，会给人一种天真、活泼、友好、友爱的感觉。
- 在绿色中添加少量的黑色，会给人一种庄严、端庄、老练、成熟、稳重的感觉。
- 在绿色中添加少量的白色，会给人一种清洁、干净、纯洁、鲜嫩的感觉。

4.7.2 适用绿色系的网店

绿色给人一种与自然、健康相关的感觉，所以经常用于与自然、健康相关的网店页面设计。另外，绿色还经常用于一些农村生态特产、护肤品、儿童商品或旅游网店页面设计。适用绿色系的网店页面如图 4-26 所示。

图 4-26　适用绿色系的网店页面

4.8　蓝色系的配色

蓝色给人以沉着、稳重的感觉，并且具有深远、广博、冷静、明智、冰冷的意象，还能够表现出安全、安静、洁净、靠谱等内涵。科技类、商务类的网店页面设计大多选用蓝色。蓝色的色阶如图 4-27 所示。

图 4-27　蓝色的色阶

4.8.1　蓝色系适合的配色方案

蓝色朴实无华，可以衬托那些较强的色彩，为它们提供一个深远、广博、平静的空间。蓝色是典型的冷色系，而黄色、红色是典型的暖色系，冷暖色系对比较为明快，很容易把人的情绪带动起来，给人以强烈的视觉冲击力。

在网店页面设计中蓝色是很常见的。蓝色是容易获得信任的色彩，常见的蓝色系配色方案如图 4-28 所示。

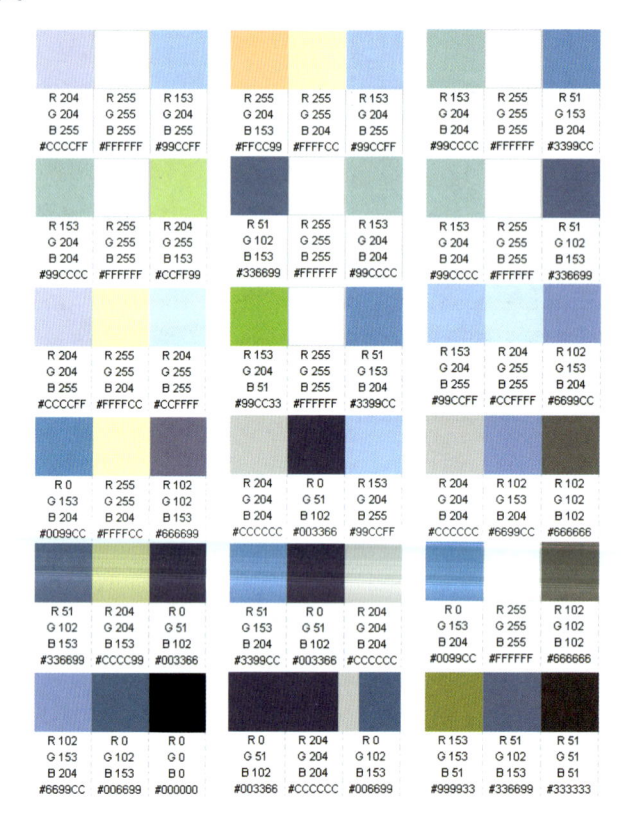

图 4-28　常见的蓝色系配色方案

蓝色系的配色方案如下。

- 可以在蓝色中分别添加少量的红色、黄色、黑色、橙色、白色等颜色。
- 在蓝色中添加较多的黄色，会给人一种喜悦、甜蜜、清香的感觉。
- 在蓝色中添加少量的白色，会给人一种烦躁、无力的感觉。

4.8.2　适用蓝色系的网店

深蓝色色调沉稳，能给人以冷静、谨慎、缜密、认真、成熟的心理感受。蓝色还具有智谋、聪慧、科技的含义,因此,智能手机类产品和家电类产品的网店页面适合采用蓝色系。

看到蓝色,人们往往会想到海洋、天空等自然风景。因此,在旅游类的网店页面中也经常使用蓝色,如图 4-29 所示。

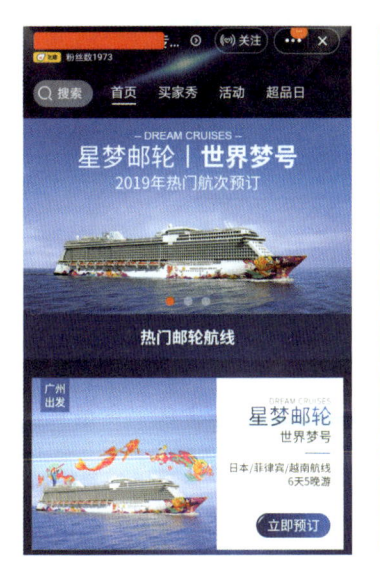

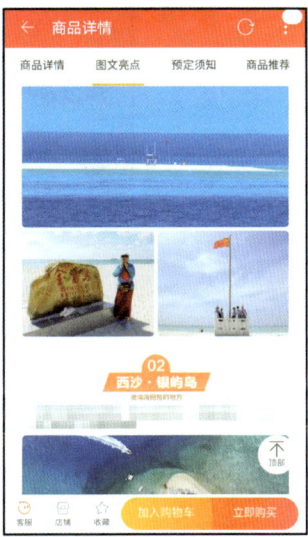

图 4-29　蓝色的网店页面

4.9　无彩色的配色

只使用黑色、白色、灰色这样的颜色进行搭配就是无彩色的配色。下面分别介绍白色系、灰色系和黑色系的网店色彩搭配。

4.9.1　白色系的网店

白色的亮度最高,但是经常给人偏冷的感觉。白色是网店页面设计常用的背景色。白色可以和大多数色彩搭配,并且可以取得良好的表现效果。如图 4-30 所示,整个页面以白色为主色调,给人以明净、整洁、利落、纯洁的感觉。

图 4-30 采用白色系的网店页面

4.9.2 灰色系的网店

灰色在所有色彩中是最被动的，受有彩色的影响极大，靠邻近的色彩获得生命，若靠近鲜艳的暖色，就会显示出冷静的品格；若靠近冷色，则变为温和的暖灰色。灰色在商业设计中具有柔和、高雅的意象，属于中性色彩，男女皆能接受，所以灰色也是永远流行的主要颜色。金属材料的产品几乎都采用灰色来传达高科技的形象。在使用灰色时，大多利用不同的层次变化组合或搭配其他色彩，才不至于产生过于平淡、沉闷、呆板、僵硬的感觉。采用灰色与黑色搭配的网店页面如图 4-31 所示。

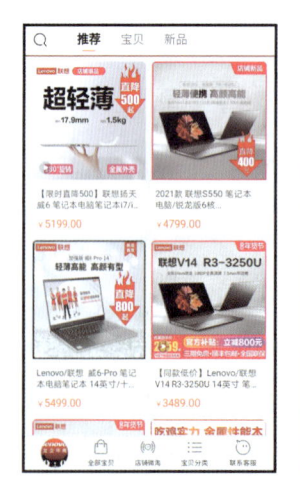

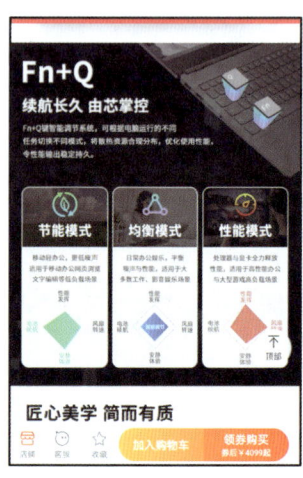

图 4-31 采用灰色与黑色搭配的网店页面

4.9.3 黑色系的网店

黑色是全色相,即饱和度和亮度都为 0 的无彩色。黑色也是设计中常用的一种色彩,可以和很多色彩搭配。黑色具有华贵、稳妥、庄重、坚毅的意象,许多男装、数码产品、金属产品类网店页面大多采用黑色与灰色。另外,黑色也经常用在音乐类网店页面中。采用黑色系的男装网店页面如图 4-32 所示。

图 4-32　采用黑色系的男装网店页面

4.10　练习题

1. 填空题

(1)_____、_____、_____这 3 种波长的光是自然界中所有颜色形成的基础,光谱中的所有颜色都是由这 3 种光的不同强度构成的。

(2)常见的色彩可以分为_____和_____两大类。无彩色包括黑色、白色、灰色,这些色彩不包括在可见光谱中,所以称为无彩色。

(3)＿＿＿＿＿＿＿＿是指色环上在 60°到 90°之间的颜色，常见的邻近色有绿色和蓝色、红色和黄色。

(4)＿＿＿＿＿＿＿＿＿＿＿＿＿是指以一种颜色作为主色，其他颜色作为辅色，形成缤纷而不杂乱的搭配效果。

(5)＿＿＿＿＿＿＿＿是积极、活跃的色彩。橙色的主色调适用范围较为广泛，除食品外，家居用品、时尚品牌、儿童玩具类的网店页面都适合使用橙色系。

2．简答题

(1) 简述色彩的原理。

(2) 色彩搭配技巧有哪些?

(3) 红色系的配色方案是怎样的？适用哪些网店?

(4) 黄色系的配色方案是怎样的？适用哪些网店?

(5) 蓝色系的配色方案是怎样的？适用哪些网店?

第 5 章

商品图片的处理

商品图片可以展示商品，同时是对商品文字描述的一种补充。毕竟文字描述不够全面，无法让客户直观地感受商品，判断商品的优劣；而图片不仅能够展示商品的全貌，还能让客户看到商品的每个细节、做工及质感，从而让客户感受到商品的价值。因此，高质量的商品图片就显得尤为重要。本章将详细讲述商品图片的处理。

知识导图

```
                          ┌── 商品主图的尺寸规范
                          │                   ┌── 去除图片水印
                          ├── 图片修复技巧 ────┼── 调整曝光过度的图片
                          │                   └── 虚化商品轮廓
                          │                   ┌── 抠取图片
                          ├── 抠图技巧 ───────┤
                          │                   └── 合成图片
  商品图片的处理 ─────────┤                   ┌── 适当的亮度
                          ├── 调整图片颜色 ───┤
                          │                   └── 正确的色彩
                          │                         ┌── 添加水印
                          ├── 边框、水印、批处理 ──┼── 添加边框
                          │                         └── 批处理
                          └── 切割与优化图片
```

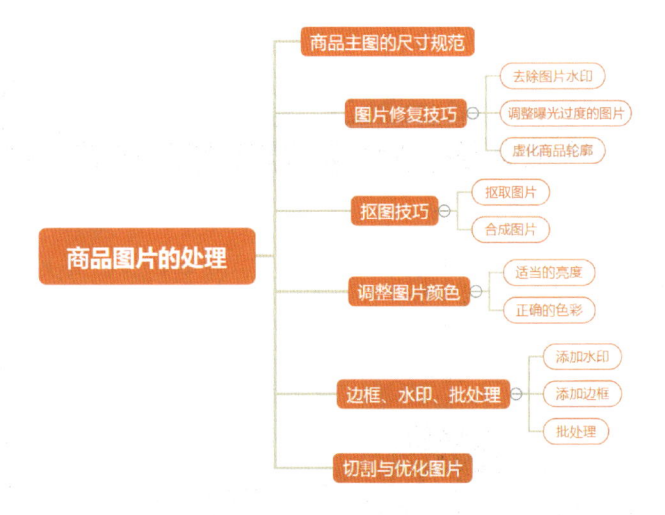

学习目标

↗ 掌握商品主图的尺寸规范。

- 掌握图片修复技巧。
- 掌握抠图技巧。
- 掌握调整图片颜色。
- 掌握边框、水印、批处理。
- 掌握切割与优化图片。

5.1 商品主图的尺寸规范

美观的商品图片能使人产生愉悦的快感，从而增加商品销售成交率。网店商品图片分为两种：一种是商品标题图片，也就是客户在搜索结果及广告等各个地方看到的商品的缩略图，通过这张图片可以大致了解商品是什么样的；另一种是商品描述图片，这部分图片对标题图片起补充作用，图片尺寸可以更大，并且限制较少。

网店对于图片的尺寸，不同的地方有不同的规定。另外，图片太大会影响打开页面的速度，所以常常需要调整图片的尺寸。本节将讲述如何利用 Photoshop 调整图片的尺寸，具体的操作步骤如下。

（1）启动 Photoshop CC，打开需要修改的图片文件，如图 5-1 所示。

图 5-1 打开需要修改的图片文件

第 5 章
商品图片的处理

（2）选择"图像"|"编辑"|"图像大小"命令，弹出"图像大小"对话框，设置图片的宽度和高度，如图 5-2 所示。

图 5-2　"图像大小"对话框

（3）单击"确定"按钮，修改后的图片如图 5-3 所示。

图 5-3　修改后的图片

87

5.2 图片修复技巧

下面介绍图片修复技巧，包括去除图片水印、调整曝光过度的图片、虚化商品轮廓等操作。

5.2.1 去除图片水印

很多素材图片有各种各样的水印，去除图片水印的具体操作步骤如下。

（1）启动 Photoshop CC，打开图片，如图 5-4 所示。

（2）选择工具箱中的"魔棒工具"，在设计窗口中单击选择水印，按住 Shift 键单击可以选择所有的水印，如图 5-5 所示。

图 5-4 打开图片　　　　图 5-5 选择所有的水印

（3）选择"编辑"|"填充"命令，弹出"填充"对话框，将"使用"设置为"内容识别"，如图 5-6 所示。

（4）单击"确定"按钮，去除水印之后的图片如图 5-7 所示。

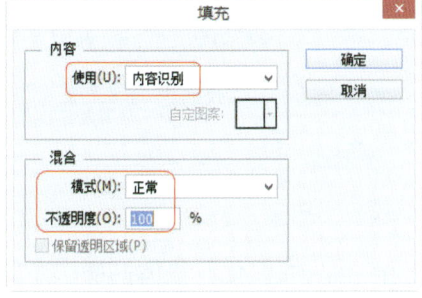

图 5-6 "填充"对话框　　　　图 5-7 去除水印之后的图片

5.2.2 调整曝光过度的图片

如果在拍摄时光线太强烈或加入了太多的白色，那么拍摄的商品图片可能会看不清，这就是曝光过度。本节将讲述如何调整曝光过度的图片，具体的操作步骤如下。

（1）启动 Photoshop CC，打开一张曝光过度的图片，如图 5-8 所示。

图 5-8　曝光过度的图片

（2）选择"图像"|"调整"|"曝光度"命令，弹出"曝光度"对话框，如图 5-9 所示。

（3）在"曝光度"对话框中将曝光度的值减小，然后单击"确定"按钮，这样就可以调整图片的曝光度，如图 5-10 所示。

89

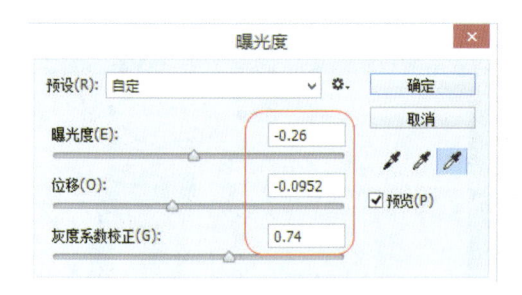

图 5-9 "曝光度"对话框　　　　　　图 5-10 调整图片的曝光度

5.2.3 虚化商品轮廓

在制作商品图片时,可以把图片制作成商品清晰而商品四周虚化,具体的操作步骤如下。

(1)启动 Photoshop CC,打开图片文件,如图 5-11 所示。

(2)选择工具箱中的"椭圆选框工具",在设计窗口中绘制椭圆选区,如图 5-12 所示。

图 5-11 打开图片文件　　　　　　图 5-12 绘制椭圆选区

(3)选择"选择"|"反选"命令,反选图片,如图 5-13 所示。

(4)选择"选择"|"修改"|"羽化"命令,弹出"羽化选区"对话框,在"羽化半径"文本框中输入"50",如图 5-14 所示。

第 5 章
商品图片的处理

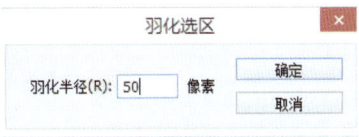

图 5-13　反选图片　　　　　　　　　图 5-14　设置羽化半径

（5）单击"确定"按钮，羽化选区。按 Ctrl+Delete 组合键，弹出"填充"对话框，将"使用"设置为"前景色"，如图 5-15 所示。

（6）单击"确定"按钮，图片边缘被柔化，如图 5-16 所示。

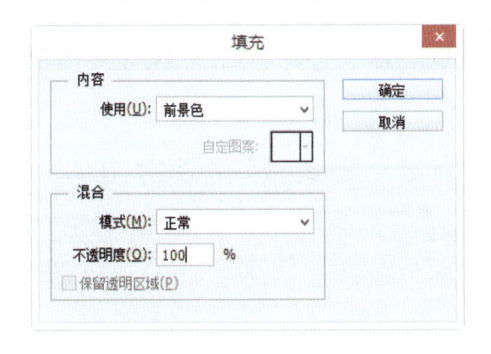

图 5-15　"填充"对话框　　　　　　　图 5-16　图像边缘被柔化

5.3　抠图技巧

抠图是一种十分重要的图片处理技巧，下面将介绍抠取图片和合成图片的操作步骤。

91

5.3.1 抠取图片

下面讲述利用"多边形套索工具"抠取图片，具体的操作步骤如下。

（1）启动 Photoshop CC，打开图片文件，如图 5-17 所示。

（2）选择工具箱中的"多边形套索工具"，在设计窗口中绘制选区，如图 5-18 所示。

图 5-17　打开图片文件　　　　　　　　　图 5-18　绘制选区

（3）选择"选择"|"修改"|"羽化"命令，弹出"羽化选区"对话框，在"羽化半径"文本框中输入"1.5"，如图 5-19 所示。

（4）单击"确定"按钮，设置羽化效果。选择"编辑"|"复制"命令，复制图片，如图 5-20 所示。

图 5-19　"羽化选区"对话框　　　　　　　图 5-20　复制图片

（5）选择"文件"|"新建"命令，弹出"新建"对话框，将"背景内容"设置为"透明"，如图 5-21 所示。

（6）单击"确定"按钮，新建透明文档。选择"编辑"|"粘贴"命令，将复制的图片粘贴到背景图片上，如图 5-22 所示。

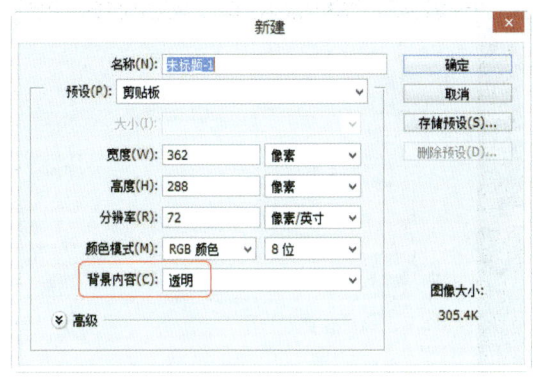

图 5-21 "新建"对话框　　　　　　　　图 5-22 粘贴图片

5.3.2 合成图片

有时需要把抠出来的图片粘贴到需要的背景中，只需要简单的几个步骤就能为图片更换一个崭新的背景，具体的操作步骤如下。

（1）启动 Photoshop CC，打开背景图片文件，如图 5-23 所示。

图 5-23 打开背景图像文件

（2）打开 5.3.1 节中制作好的图片文件，按 Ctrl+A 组合键全选图片，选择"编辑"|"复制"命令，复制图片，如图 5-24 所示。

（3）返回背景图片，按 Ctrl+V 组合键粘贴图片，如图 5-25 所示。

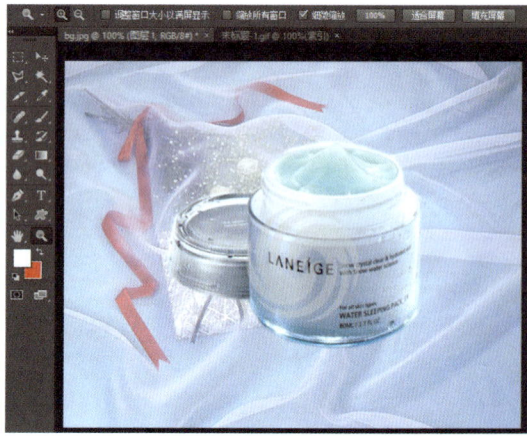

图 5-24　复制图片　　　　　　　　　　图 5-25　粘贴图片

5.4　调整图片颜色

几乎所有商家的商品都会遇到色差问题，这是因为多数中小型商家不是专业的摄影师，也没有办法花费高额的费用聘请专业的摄影师对销售的商品进行专业拍摄。使用 Photoshop 调整图片颜色的方法有很多，如替换颜色、选取颜色范围、匹配颜色、色调均化、去色、色相/饱和度、色彩平衡等。

5.4.1　适当的亮度

1．色阶

图片的色彩丰满度和精细度是由色阶决定的。在拍摄商品时，最常遇到的问题是亮度不够，照片显得灰暗。在 Photoshop 中处理这类图片时，一般使用"色阶"命令。如图 5-26 所示，原始图片非常暗，所以不适合上传到平台上。

图 5-26　原始图片

使用 Photoshop 打开该图片，然后选择"图像"|"调整"|"色阶"命令，弹出"色阶"对话框，调整色阶前的设置如图 5-27 所示，调整色阶后的设置如图 5-28 所示。

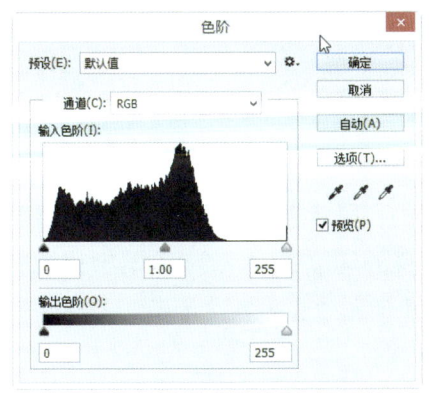

图 5-27　调整色阶前的设置　　　　　　　图 5-28　调整色阶后的设置

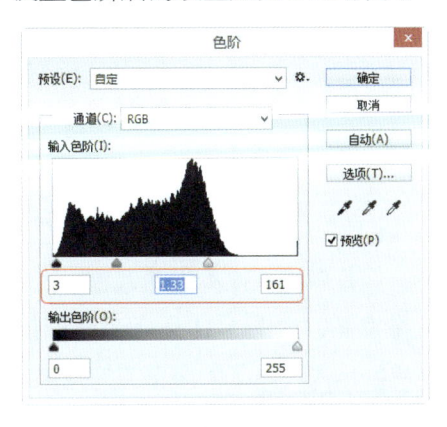

单击"确定"按钮，调整色阶后的效果如图 5-29 所示。

调整色阶最简捷的方法是调整图 5-28 中的 3 个三角形滑块，其使用方法如下。

（1）黑色的三角形滑块：调整图片暗部，效果是使暗部更暗。

（2）灰色的三角形滑块：调整中间色调，既可以调亮，也可以调暗。

（3）白色的三角形滑块：调整图片亮部，效果是使亮部更亮。

图 5-29　调整色阶后的效果

95

2. 阴影/高光

从 Photoshop CS2 开始，Photoshop 提供了一个非常有效的命令，可以用来处理局部已经曝光过度，但主体偏暗，看不清细节的图片，这就是"图像"|"调整"|"阴影/高光"命令，选择该命令后，会弹出"阴影/高光"对话框，如图 5-30 所示。通过调整"阴影"选项和"高光"选项，能够保证曝光过度的区域保持不变，将暗部的细节调亮，从而更好地展现暗部的细节效果。

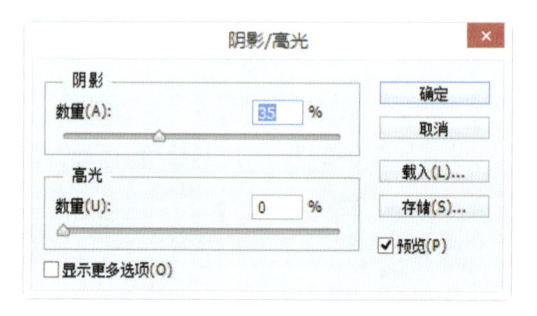

图 5-30　"阴影/高光"对话框

当我们背对雪山或大海的时候，总是逆光拍摄的，虽然想在美丽的大自然中留下自己的身影，但是效果往往不尽如人意，因为在这种特殊的环境下，一般都会导致背景曝光过度，人像发黑，如图 5-31 所示。在调整"阴影"选项和"高光"选项后，人物得到了补光，也更好地表现出了大海真实的效果，如图 5-32 所示。

图 5-31　原始图片

图 5-32　调整后的效果

5.4.2 正确的色彩

1. "色阶"命令的白平衡功能

"色阶"命令有一个功能经常被人忽略：色阶可以对白平衡进行调整。"色阶"命令的这个功能对商家来说非常重要，因为无论使用多么高级的数码照相机拍摄照片，都没有办法将白平衡处理得很好。

如图5-33所示，商品图片的背景本来是红棕色的，却被拍成了偏蓝色。此时可以打开"色阶"对话框，单击"选项"按钮，如图5-34所示。

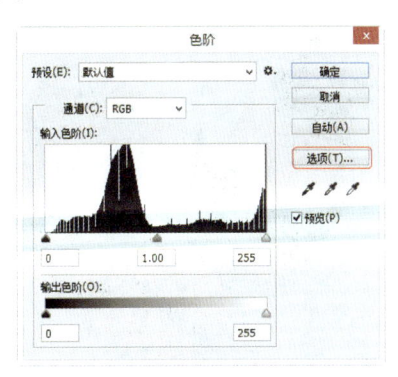

图 5-33　原始图片　　　　　　　　图 5-34　"色阶"对话框

弹出"自动颜色校正选项"对话框，选中"查找深色与浅色"单选按钮，如图5-35所示。单击"确定"按钮之后就可以自动匹配颜色，去除蓝色。调整色阶后的效果如图5-36所示。

图 5-35　"自动颜色校正选项"对话框　　　　图 5-36　调整色阶后的效果

2. 使用"曲线"命令调偏色

"曲线"命令在调整偏色时的效果非常好。如图 5-37 所示，原始图片是一套偏色的衣服，可以利用"曲线"命令对其进行调整，调整参数如图 5-38 所示，分别调整了 RGB 通道中的曲线形状。调整偏色之后的效果如图 5-39 所示。

图 5-37　原始图片　　　　　　　　图 5-38　调整参数

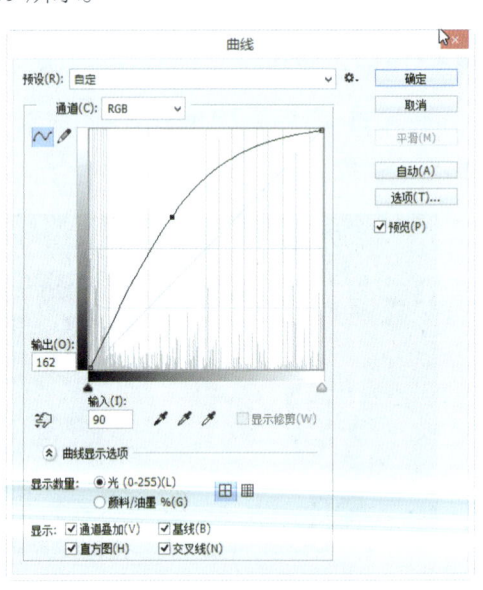

图 5-39　调整偏色之后的效果

3. 使用"色相/饱和度"命令调鲜艳程度

"色相/饱和度"命令主要用来调整图片的鲜艳程度。在使用时，只要调整打开的对话框中的"饱和度"参数就可以。一般来说，使用数码照相机拍摄的照片，由于镜头的感光能力有限，因此与实物对比，颜色一般不够鲜艳，如图 5-40 所示。可以将"色相/饱和度"对话框中的"饱和度"滑块向左拖动，如图 5-41 所示，这样就可以调整图片的饱和度。调整饱和度之后的效果如图 5-42 所示。

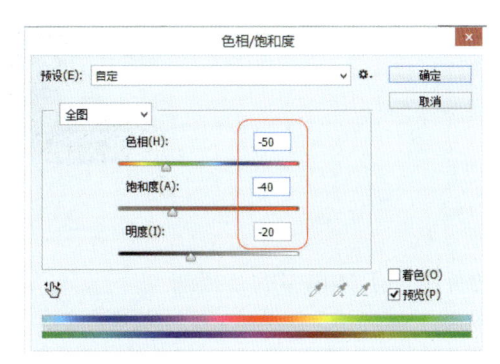

图 5-40　原始图片　　　　　　　图 5-41　"色相/饱和度"对话框

图 5-42　调整饱和度之后的效果

5.5　边框、水印、批处理

下面使用 Photoshop 给商品图片添加水印和边框，以及批处理。

5.5.1　添加水印

为商品图片添加水印的操作步骤如下。

（1）启动 Photoshop CC，打开图片文件，如图 5-43 所示。

图 5-43　打开图片文件

（2）选择工具箱中的"横排文字工具"，在图片上输入文字"依琳女鞋"，如图 5-44 所示。

（3）打开"图层"面板，将"不透明度"设置为"20%"，如图 5-45 所示，由此可以为图片添加一个水印。

图 5-44　输入文字　　　　　　　　　　　图 5-45　设置不透明度

5.5.2　添加边框

为图片添加边框的操作步骤如下。

（1）启动 Photoshop CC，打开图片文件，按 Ctrl+A 组合键全选图片，如图 5-46 所示。

第 5 章
商品图片的处理

（2）选择"编辑"|"描边"命令，弹出"描边"对话框，如图 5-47 所示，可以根据图片选择边框的宽度和颜色。

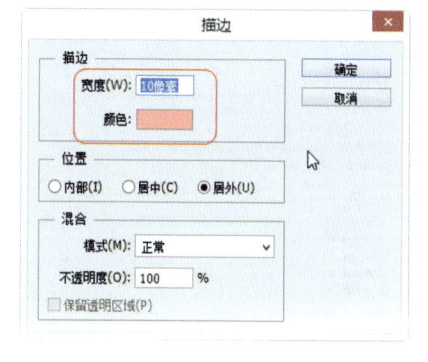

图 5-46　全选图片　　　　　　　　　　　图 5-47　"描边"对话框

（3）单击"确定"按钮，为图片添加边框，其效果如图 5-48 所示。

（4）选择工具箱中的"魔棒工具"，在设计窗口中单击选择边框，如图 5-49 所示。

图 5-48　添加边框的效果　　　　　　　　图 5-49　选择边框

（5）选择"滤镜"|"风格化"|"风"命令，弹出"风"对话框，将"方法"设置为"大风"，如图 5-50 所示。

101

(6)单击"确定"按钮,设置风效果,如图 5-51 所示。

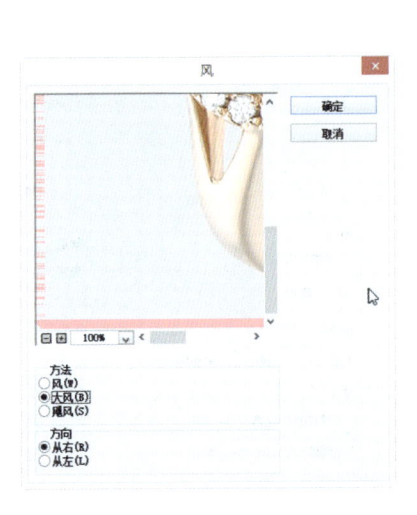

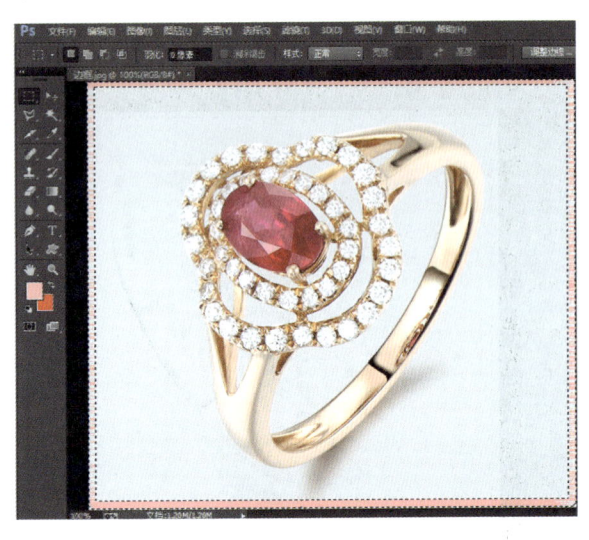

图 5-50 "风"对话框　　　　　　　图 5-51 设置风效果

5.5.3 批处理

在处理商品图片时,常常需要同时处理几十张,如果每张都打开处理,就需要花费很多时间和精力。下面讲述如何进行批处理,具体的操作步骤如下。

(1)启动 Photoshop CC,打开图片文件,如图 5-52 所示。

(2)选择"窗口"|"动作"命令,打开"动作"面板,如图 5-53 所示。

图 5-52 打开图片文件　　　　　　　图 5-53 "动作"面板

（3）单击右下角的"创建新动作"按钮，弹出"新建动作"对话框，如图 5-54 所示。

（4）单击"记录"按钮，新建一个动作，如图 5-55 所示。

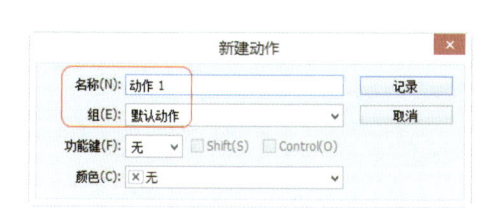

图 5-54　"新建动作"对话框

图 5-55　新建一个动作

（5）选择"图像"|"调整"|"变化"命令，弹出"变化"对话框，如图 5-56 所示，然后选择相应的样式。

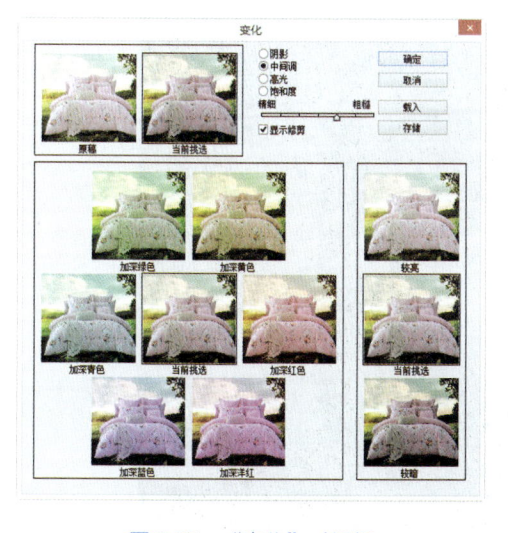

（6）单击"确定"按钮，调整后的效果如图 5-57 所示。然后单击"动作"面板左下角的"停止播放/记录"按钮，停止记录。

图 5-56　"变化"对话框

图 5-57　调整后的效果

（7）选择"文件"|"自动"|"批处理"命令，弹出"批处理"对话框，单击"源"选

103

项组中的"选择"按钮，如图5-58所示，在打开的"浏览"对话框中选择图片所在的位置。

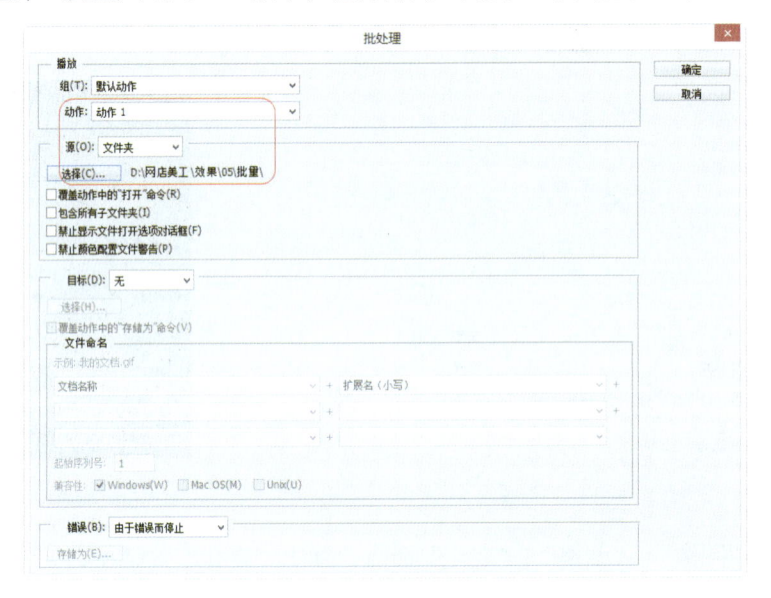

图 5-58 "批处理"对话框

（8）单击"确定"按钮，这样就可以对文件中所有的图片进行调整，如图5-59所示。

图 5-59 批处理完毕

5.6 切割与优化图片

下面讲述如何利用 Photoshop 切割与优化图片，具体的操作步骤如下。

（1）启动 Photoshop CC，打开图片文件，选择工具箱中的"裁剪切片工具"，如图 5-60 所示。

图 5-60　选择工具箱中的"裁剪切片工具"

（2）按住鼠标左键在设计窗口中绘制切片，如图 5-61 所示。

图 5-61　绘制切片

（3）选择"文件"|"存储为 Web 所用格式"命令，弹出"存储为 Web 所用格式（100%）"对话框，将图片设置为 GIF 格式，如图 5-62 所示。

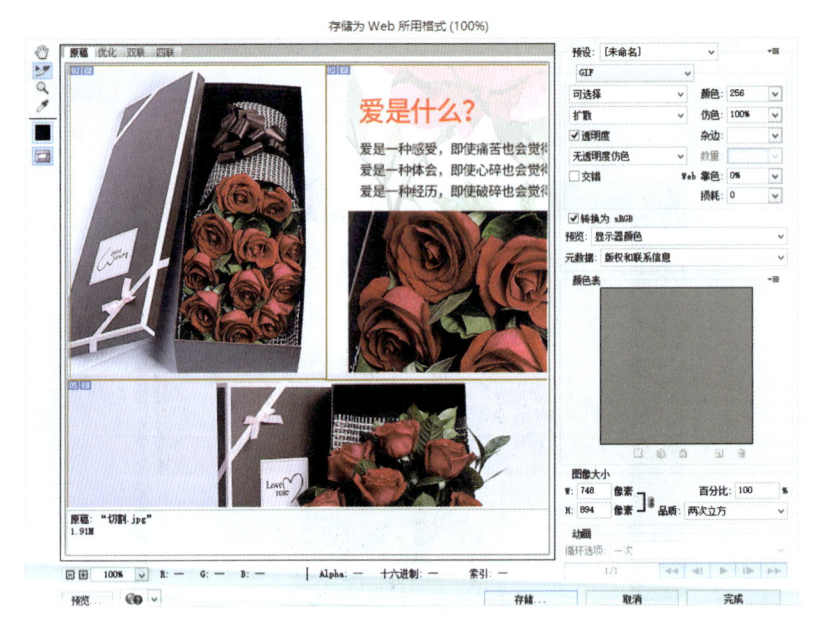

图 5-62　"存储为 Web 所用格式（100%）"对话框

（4）单击"存储"按钮，弹出"将优化结果存储为"对话框，将文件格式设置为"仅限图像"，如图 5-63 所示。

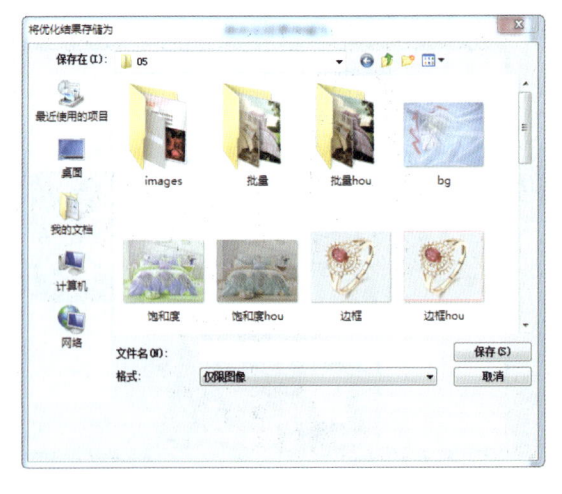

图 5-63　"将优化结果存储为"对话框

5.7 练习题

1. 填空题

（1）_____可以展示商品，同时是对商品文字描述的一种补充。

（2）如果在拍摄时光线太强烈或加入了太多的白色，那么拍摄的商品图片可能会看不清，这就是_____。

（3）在使用 Photoshop 处理图片的时候，经常使用_____方法将对象从背景中分离出来，这是一种十分重要并且应该熟练掌握的技术。

（4）图片的色彩丰满度和精细度是由_____决定的。

（5）在日光阴影处拍摄出来的照片会莫名其妙地偏蓝色，其原因就在于_____的设置上。

2. 简答题

（1）怎样调整商品主图的尺寸？

（2）怎样去除图片水印？

（3）怎样修补曝光过度的图片？

（4）怎样添加水印？

（5）如何利用 Photoshop 切割与优化图片？

第 6 章

特效文字制作和常用图片及促销广告设计

文字在图片处理中起着非常重要的作用。利用 Photoshop 不仅可以处理商品图片，还可以设计出各种文字效果。精美的特效文字已经被应用到网店促销海报、商品主图中。只有熟练掌握特效文字的制作方法，才能更好地掌握网店的装修设计。

知识导图

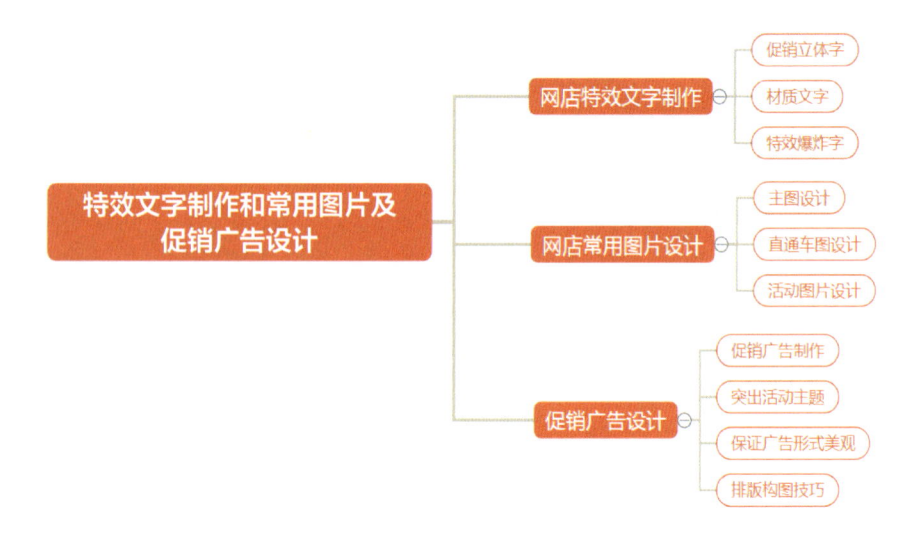

特效文字制作和常用图片及促销广告设计
- 网店特效文字制作
  - 促销立体字
  - 材质文字
  - 特效爆炸字
- 网店常用图片设计
  - 主图设计
  - 直通车图设计
  - 活动图片设计
- 促销广告设计
  - 促销广告制作
  - 突出活动主题
  - 保证广告形式美观
  - 排版构图技巧

学习目标

♪ 掌握网店特效文字制作。

第 6 章
特效文字制作和常用图片及促销广告设计

- 掌握网店常用图片设计。
- 掌握促销广告设计。

6.1 网店特效文字制作

通过 Photoshop 处理和设计过的文字和图片的表现力非常强，应用也非常广泛。本节主要讲述几种常见的网店特效文字的制作。

6.1.1 促销立体字

下面介绍利用 Photoshop 设计促销立体字的操作步骤。

（1）启动 Photoshop CC，打开图片文件，如图 6-1 所示。

（2）选择工具箱中的"横排文字工具"，在设计窗口中输入文字"抢年货啦"，然后在选项栏中设置文字的字体和大小，如图 6-2 所示。

图 6-1　打开图片文件　　　　　图 6-2　设置文字的字体和大小

（3）单击选项栏中的"自定义变形"按钮，弹出"变形文字"对话框，将"样式"设置为"波浪"，如图 6-3 所示。

109

电商多平台美工实战
淘宝、京东、拼多多

（4）单击"确定"按钮，设置的变形效果如图6-4所示。

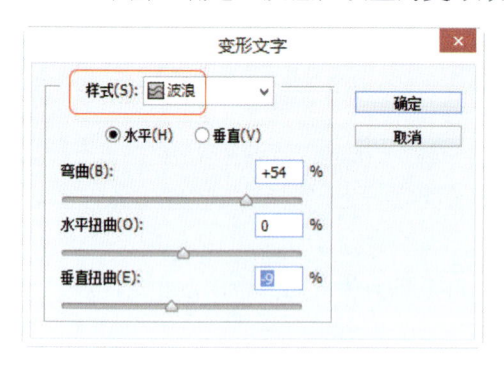

图6-3　"变形文字"对话框

图6-4　设置的变形效果

（5）选择"图层"|"图层样式"|"投影"命令，弹出"图层样式"对话框，设置投影效果，如图6-5所示。

（6）勾选"渐变叠加"复选框，设置渐变颜色，如图6-6所示。

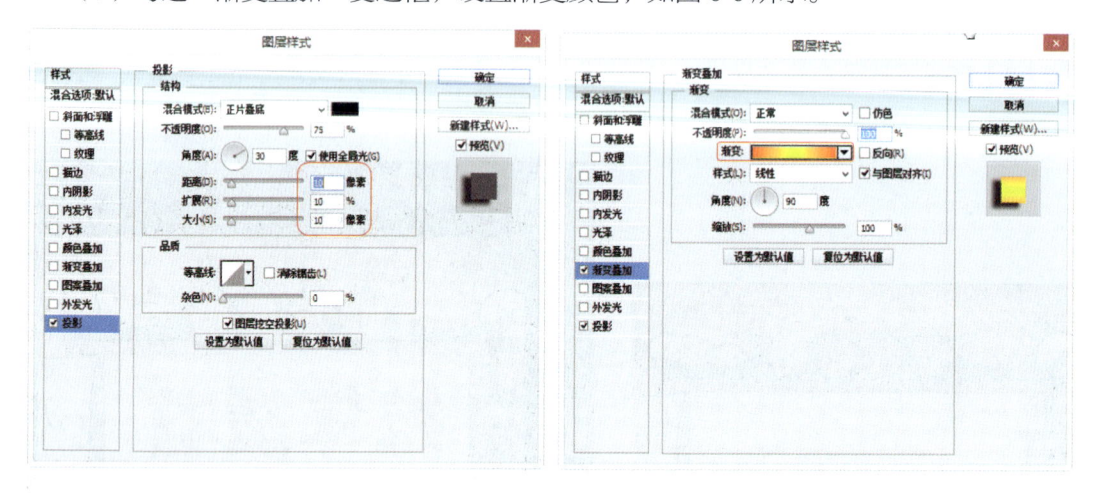

图6-5　"图层样式"对话框

图6-6　设置渐变颜色

（7）勾选"斜面和浮雕"复选框，将"样式"设置为"外斜面"，"方法"设置为"雕刻清晰"，如图6-7所示。

（8）单击"确定"按钮，设置图层样式效果，如图6-8所示。

第 6 章
特效文字制作和常用图片及促销广告设计

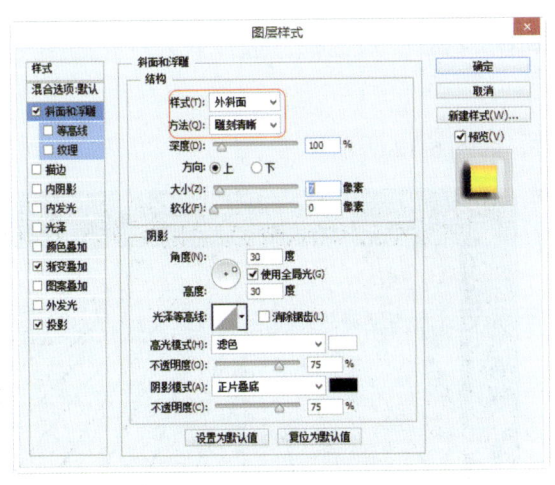

图 6-7 设置斜面和浮雕

图 6-8 设置图层样式效果

6.1.2 材质文字

在 Photoshop 中可以随意调整文字的颜色。为文字添加一种效果，不仅仅是颜色的改变，还要有纹理、材质的体现。利用 Photoshop 制作材质文字效果的操作步骤如下。

（1）启动 Photoshop CC，新建一个空白文档，如图 6-9 所示。

（2）选择工具箱中的"横排文字工具"，在设计窗口中输入文字"2018"，然后在选项栏中设置文字的字体和大小，如图 6-10 所示。

图 6-9 新建一个空白文档

图 6-10 设置文字的字体和大小

111

(3)选择"文件"|"打开"命令,弹出"打开"对话框,选择需要打开的图片文件,如图6-11所示。

(4)单击"打开"按钮,打开图片文件,如图6-12所示。

图6-11 "打开"对话框　　　　　　　　　　图6-12 打开图片文件

(5)选择"编辑"|"定义图案"命令,弹出"图案名称"对话框,然后设置图案名称,如图6-13所示,单击"确定"按钮。

(6)返回新建的空白文档,在"图层"面板中选择文字图层,单击鼠标右键,在弹出的快捷菜单中选择"栅格化文字"命令,栅格化文字,如图6-14所示。

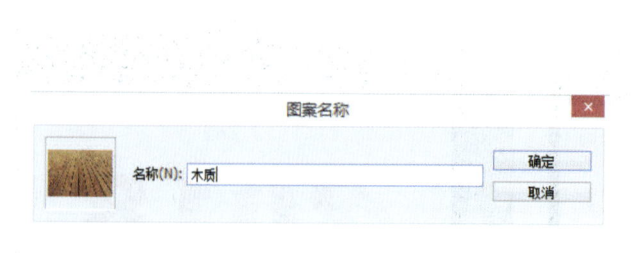

图6-13 "图案名称"对话框　　　　　　　　图6-14 栅格化文字

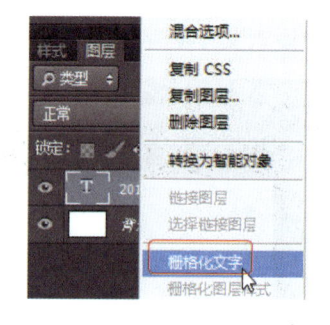

(7)选择工具箱中的"魔棒工具",选择输入的文本,如图6-15所示。

(8)选择"编辑"|"填充"命令,弹出"填充"对话框,将"使用"设置为"图案",单击下面的图案按钮选择前面添加的图案,如图6-16所示。

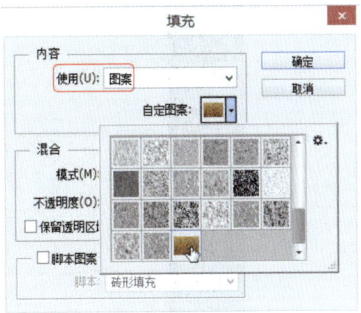

图 6-15　选择输入的文本　　　　　　　　图 6-16　"填充"对话框

（9）单击"确定"按钮，制作木质文本，如图 6-17 所示。

图 6-17　木质文本

6.1.3　特效爆炸字

特效爆炸字非常漂亮，其制作难度不是很大，下面介绍具体的操作步骤。

（1）选择"文件"|"打开"命令，弹出"打开"对话框，打开图片文件，如图 6-18 所示。

（2）选择工具箱中的"横排文字工具"，在设计窗口中输入文字"春"，然后在选项栏中设置文字的字体和大小，如图 6-19 所示。

（3）选择"图层"|"栅格化"|"文字"命令，栅格化文字，如图 6-20 所示。

（4）选择"滤镜"|"扭曲"|"极坐标"命令，弹出"极坐标"对话框，选中"极坐标到平面坐标"单选按钮，如图 6-21 所示。

图 6-18 打开图片文件

图 6-19 设置文字的字体和大小

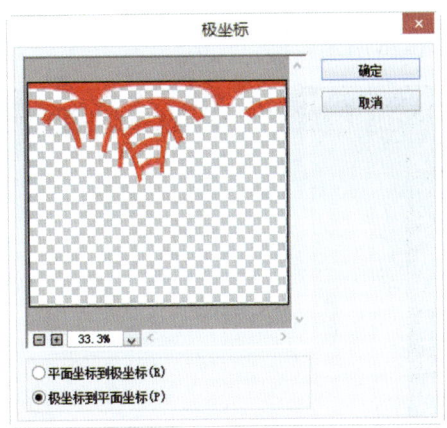

第 6 章
特效文字制作和常用图片及促销广告设计

图 6-20　栅格化文字　　　　　　　　　图 6-21　选中"极坐标到平面坐标"单选按钮

（5）单击"确定"按钮，设置极坐标效果，如图 6-22 所示。

（6）按 Ctrl+T 组合键，单击鼠标右键，在弹出的快捷菜单中选择"旋转 90 度（顺时针）"命令，如图 6-23 所示。

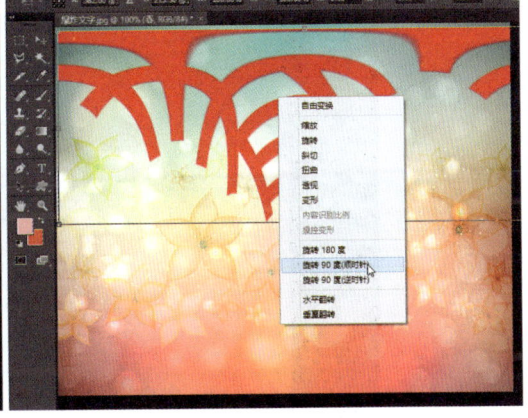

图 6-22　设置极坐标效果　　　　　　　　图 6-23　选择"旋转 90 度（顺时针）"命令

（7）单击"确定"按钮，设置的变形效果如图 6-24 所示。

（8）选择"滤镜"|"风格化"|"风"命令，弹出"风"对话框，将"方法"设置为"风"，"方向"设置为"从右"，如图 6-25 所示。

（9）单击"确定"按钮，设置风效果。按 Ctrl+T 组合键，单击鼠标右键，在弹出的快

115

捷菜单中选择"旋转90度（逆时针）"命令，单击"确定"按钮，再次设置变形效果，如图 6-26 所示。

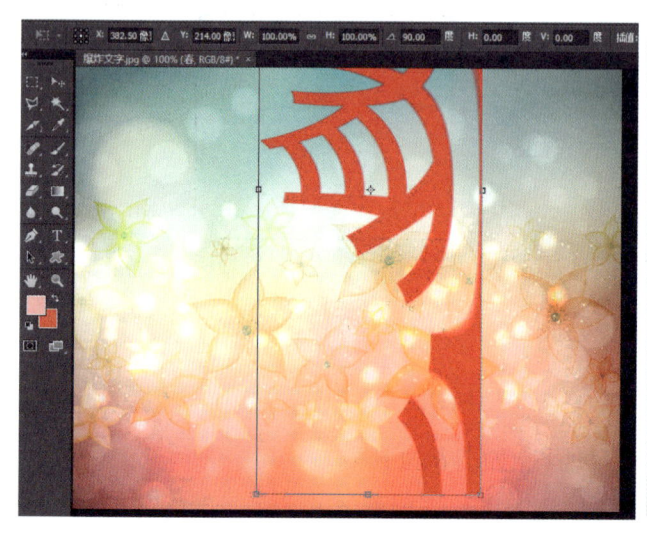

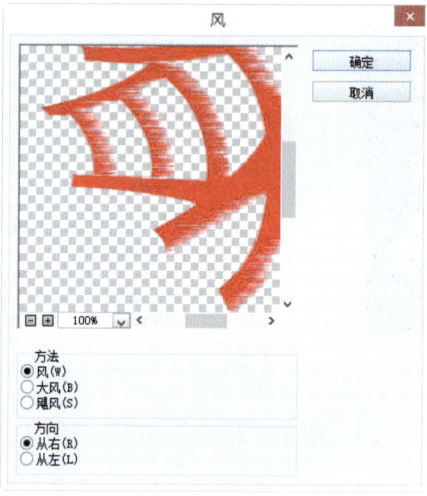

图 6-24　设置的变形效果　　　　　　　　图 6-25　"风"对话框

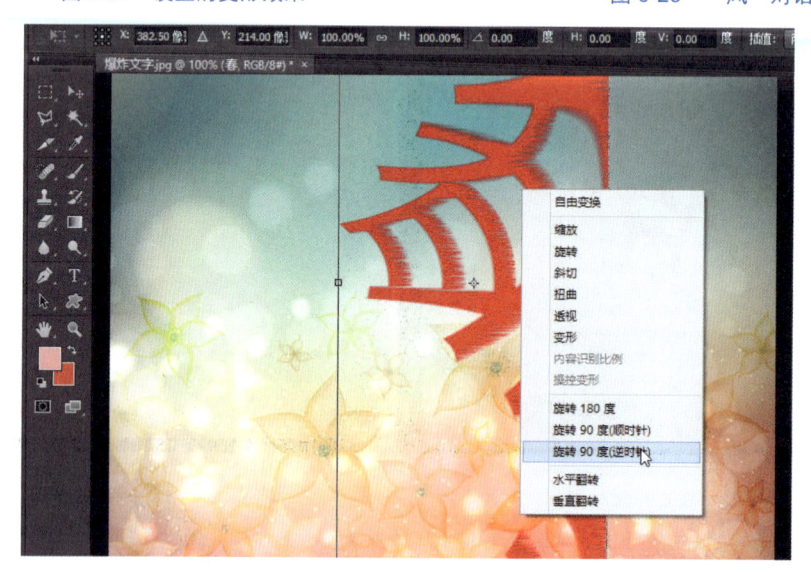

图 6-26　再次设置变形效果

（10）选择"滤镜"|"扭曲"|"极坐标"命令，如图 6-27 所示。

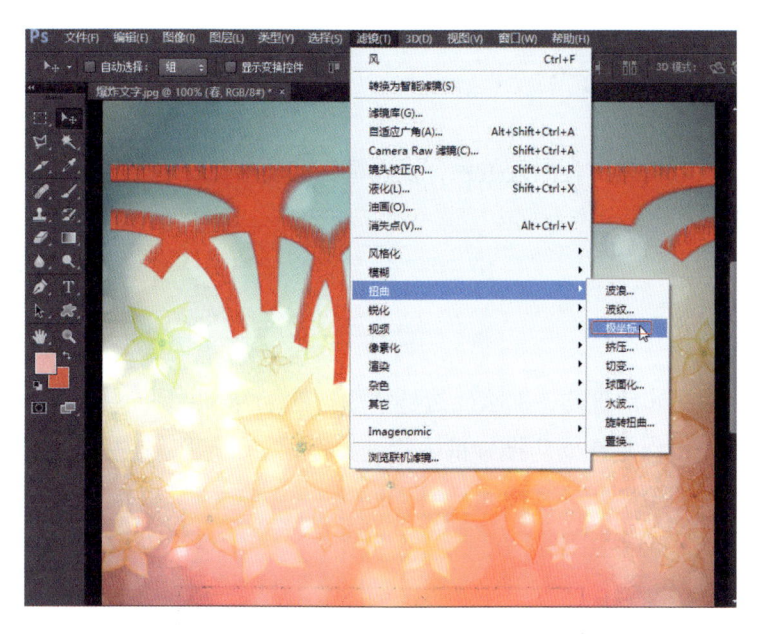

图6-27 选择"滤镜"|"扭曲"|"极坐标"命令

（11）弹出"极坐标"对话框，选中"平面坐标到极坐标"单选按钮，如图 6-28 所示。

（12）单击"确定"按钮，制作的爆炸字体效果如图 6-29 所示。

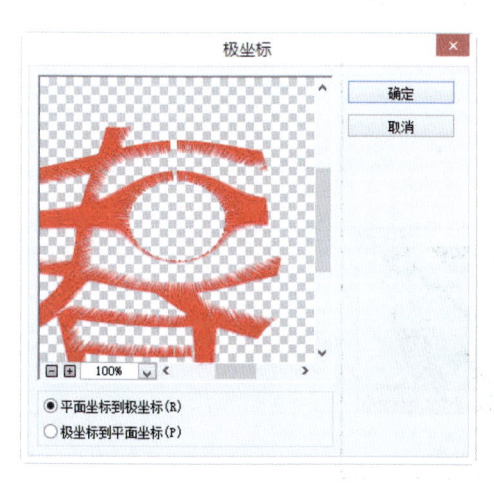

图 6-28 选中"平面坐标到极坐标"单选按钮

图 6-29 爆炸字体效果

6.2 网店常用图片设计

网店的设计效果与图片有很大关系，设计精美的图片更能吸引人的眼球，所以网店图片的设计至关重要。

6.2.1 主图设计

众所周知，主图非常重要，那么什么是主图？其位置和展现有什么特点？如果要购买女包，那么第一个动作是在网店搜索框中输入关键词"女包"，然后点击"搜索"按钮，搜索结果页面如图 6-30 所示。在搜索结果页面中，搜索出来的图片，也就是展现在人们眼前的商品图片，就是商品主图。

图 6-30 搜索结果页面

1. 主图设计之尺寸

根据需要，新建主图的尺寸为 600px×600px，如图 6-31 所示，这个尺寸可以使主图达到最佳的呈现效果。

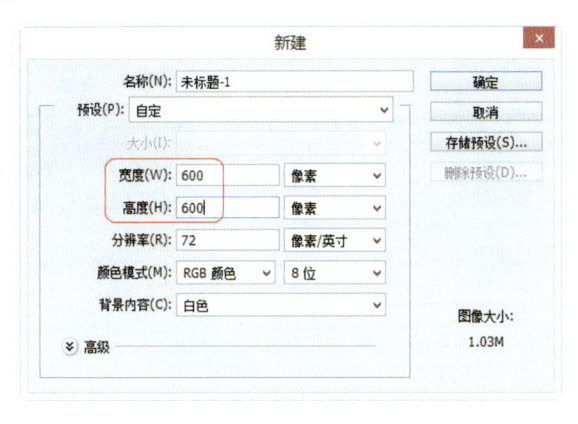

图 6-31　主图的尺寸

2. 主图设计信息分层

信息分层工作可以先用书稿形式区分，然后直接应用到 Photoshop 制作当中。其基本思路如下：陈列素材图片，根据目标区分信息传达的层次关系。如图 6-32 所示，信息分层如下。

- ♪ 第一层：图片和产品介绍。
- ♪ 第二层：产品 Logo。
- ♪ 第三层：背景图片。

图 6-32　信息分层

3. 主图设计细节渲染

部分类目要求必须提供白底图片，如天猫商城就有相关规定，在这种情况下不能添加背景或场景渲染，只需要白底加 Logo 就可以，如图 6-33 所示。网店对主图背景没有明确的规范，可以添加背景或其他场景图渲染整张图片氛围。但是对部分单纯为了提高醒目程度而放大文字，甚至遮盖商品主体而影响客户消费体验的"牛皮癣"图片，平台会给予不同程度的搜索排序处罚。

如果没有图片背景要求，则可以添加能够很好地衬托主体的背景，如图 6-34 所示。

图 6-33　天猫商品

图 6-34　添加背景

6.2.2　直通车图设计

直通车是淘宝店铺付费推广的一种，是按点击量收费的。打开手机淘宝，在搜索结果页面中，每隔几个商品就会出现带有 HOT 字样的商品，这些就是直通车展位，如图 6-35 所示。

图 6-35　直通车展位

直通车图主要包括两种类型：一种是最常见的单品直通车图，即针对单品推广的直通车图；另一种是网店直通车图。这两种直通车图的意义及作用是不一样的。单品直通车图更侧重于单个产品的信息传达或销售诉求，以销量转化为最终目的；网店直通车图更侧重于品牌传递，通过集中引入流量在店内分流的方式，实现流量的价值最大化，一般以整店促销或类目专场的方式呈现。

1．直通车素材选择

拍摄的原始图片如图 6-36 所示。虽然图 6-36（b）和图 6-36（c）可以很好地呈现出产品的颜色特征和包装外形的档次感，但是对于表现产品的美观性稍显逊色；图 6-36（a）符合主题突出的特征，如果要制作主图，那么这张图片非常合适，与图 6-36（b）和图 6-36（c）相比，图 6-36（a）更有创意和视觉冲击力。

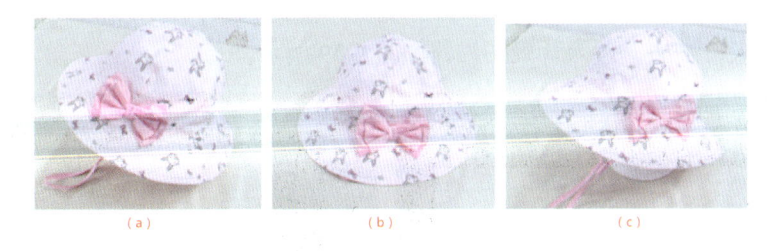

图 6-36　原始图片

2．直通车图设计之尺寸

直通车后台推荐的图片尺寸是 800px×800px，该尺寸可以呈现最佳效果，所以通常将直通车图的尺寸设定为 800px×800px，如图 6-37 所示。

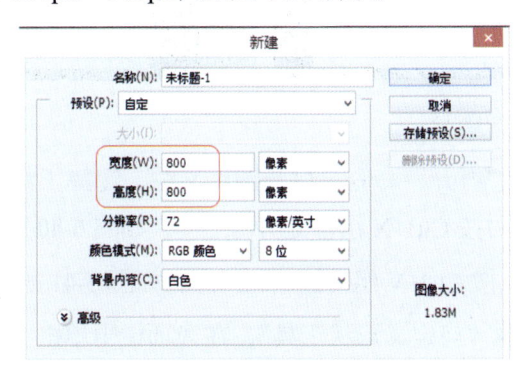

图 6-37　设定直通车图的尺寸

3. 直通车图设计之信息分层

首先确定的是第一层信息，即产品主体，因为直通车图的目标人群对产品主体比较关注；其次确定的是第二层信息，即促销和折扣，因为产品价格也是客户比较关注的信息；再次确定的是第三层信息，即产品广告语和品牌 Logo；最后确定的是第四层信息，即背景图片，用于渲染气氛。

4. 直通车图设计之操作步骤

直通车图设计的操作步骤如下。

（1）打开 Photoshop CC，新建空白文档，如图 6-38 所示。

（2）选择"文件"|"置入"命令，弹出"置入"对话框，选择需要置入的背景图片，单击"置入"按钮，置入背景图片，如图 6-39 所示。

图 6-38　新建空白文档 　　　　　　图 6-39　置入背景图片

（3）选择"文件"|"打开"命令，打开图片文件，选择工具箱中的"多边形套索工具"，单击选择帽子，然后按 Ctrl+X 组合键剪切图片，如图 6-40 所示。

（4）返回背景图片，按 Ctrl+V 组合键粘贴图片，如图 6-41 所示。

（5）选择工具箱中的"自定义形状工具"，在选项栏中单击"形状"下拉按钮，在弹出的下拉列表中选择合适的形状，如图 6-42 所示。

第 6 章
特效文字制作和常用图片及促销广告设计

（6）在设计窗口中按住鼠标左键绘制形状，将"描边"设置为"3点"，如图6-43所示。

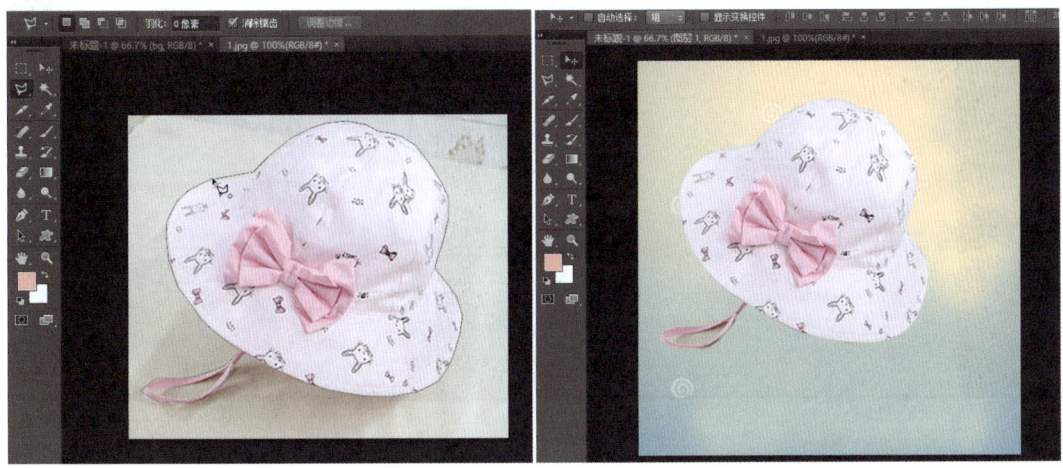

图 6-40　剪切图片　　　　　　　　　　　图 6-41　粘贴图片

图 6-42　选择合适的形状　　　　　　　　图 6-43　绘制形状

（7）选择工具箱中的"横排文字工具"，在绘制的形状上面输入文字"小迪"，如图 6-44 所示。

（8）选择工具箱中的"横排文字工具"，在设计窗口中输入文字"柔软纯棉，舒适无味"，如图 6-45 所示。

123

图 6-44　输入文字"小迪"　　　　　　图 6-45　输入文字"柔软纯棉，舒适无味"

（9）选择"图层"|"图层样式"|"描边"命令，弹出"图层样式"对话框，在"结构"选项组中将"大小"设置为"6像素"，如图6-46所示。

（10）单击"确定"按钮，设置描边效果，如图6-47所示。

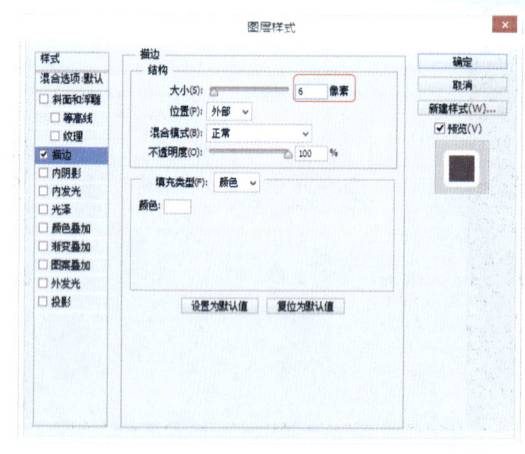

图 6-46　"图层样式"对话框　　　　　　图 6-47　设置描边效果

（11）选择工具箱中的"横排文字工具"，在设计窗口中输入文字并设置图层样式，如图6-48所示。

（12）选择"文件"|"存储为 Web 所用格式"命令，弹出"存储为 Web 所用格式（100%）"对话框，图片格式选择 GIF，如图6-49所示。至此，直通车图制作完成。

图 6-48 输入文字并设置图层样式

图 6-49 "存储为 Web 所用格式（100%）"对话框

6.2.3 活动图片设计

淘宝官方活动，如聚划算、淘抢购、天天特价等是免费或付费资源，需要区分各项活

电商多平台美工实战
淘宝、京东、拼多多

动和网店的相关性，只要符合相关规定就可以报名参加官方活动。一般活动规定图片和产品相关参数必须符合后台要求才可以通过审核，因此图片规范与否尤为重要。下面以聚划算活动为例展开介绍，聚划算报名页面如图 6-50 所示。

图 6-50　聚划算报名页面

下面讲述利用 Photoshop 制作聚划算活动图片，具体的操作步骤如下。

（1）启动 Photoshop CC，选择"文件"|"新建"命令，弹出"新建"对话框，将"宽度"和"高度"分别设置为"450 像素"和"300 像素"，如图 6-51 所示。

（2）单击"确定"按钮，新建空白文档，如图 6-52 所示。

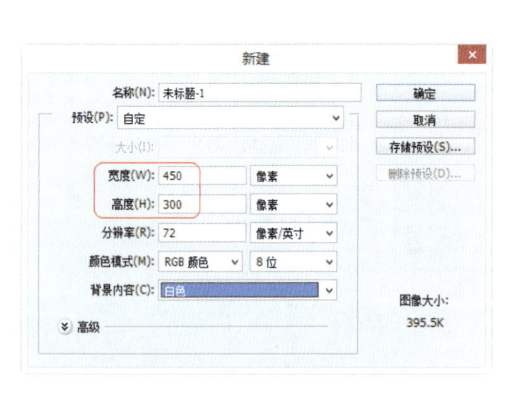

图 6-51　"新建"对话框　　　　　　　　图 6-52　新建空白文档

（3）选择"文件"|"置入"命令，弹出"置入"对话框，置入图片文件作为背景，如图 6-53 所示。

第6章
特效文字制作和常用图片及促销广告设计

（4）打开需要制作聚划算活动图片的文件，选择工具箱中的"魔棒工具"，单击选择鞋，如图 6-54 所示。

图 6-53　置入图片文件　　　　　　　　　图 6-54　选择鞋

（5）返回上面新建的空白文档，选择"编辑"|"粘贴"命令，将鞋粘贴到空白文档中，如图 6-55 所示。

（6）选择工具箱中的"圆角矩形工具"，在设计窗口的左上角绘制圆角矩形，如图 6-56 所示。

图 6-55　粘贴图片　　　　　　　　　图 6-56　绘制圆角矩形

（7）选择工具箱中的"横排文字工具"，在圆角矩形中输入文字"聚划算 juhuasuan"，如图 6-57 所示。

（8）选择工具箱中的"椭圆工具"，在设计窗口中绘制椭圆，如图 6-58 所示。

127

图 6-57 输入文字"聚划算 juhuasuan"

图 6-58 绘制椭圆

（9）选择工具箱中的"横排文字工具"，在椭圆中输入文字"仅需 99 元"，如图 6-59 所示。

（10）选择"图层"|"图层样式"|"投影"命令，弹出"图层样式"对话框，设置"投影"选项，如图 6-60 所示。

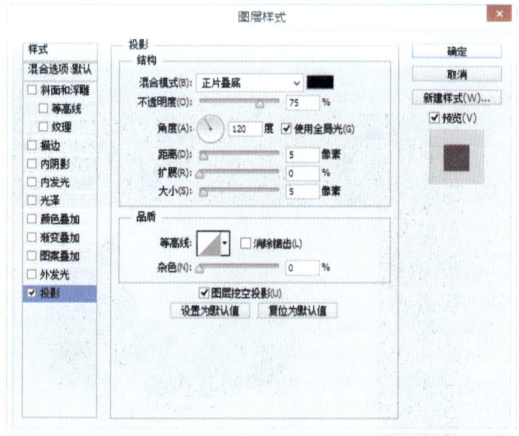

图 6-59 输入文字"仅需 99 元"

图 6-60 "图层样式"对话框

（11）单击"确定"按钮，设置投影效果，如图 6-61 所示。

（12）选择工具箱中的"横排文字工具"，在设计窗口中输入文字"领券满 128 减 10 元"。选择"图层"|"图层样式"|"外发光"命令，弹出"图层样式"对话框，设置"外发光"选项，如图 6-62 所示。

第 6 章
特效文字制作和常用图片及促销广告设计

图 6-61 设置投影效果

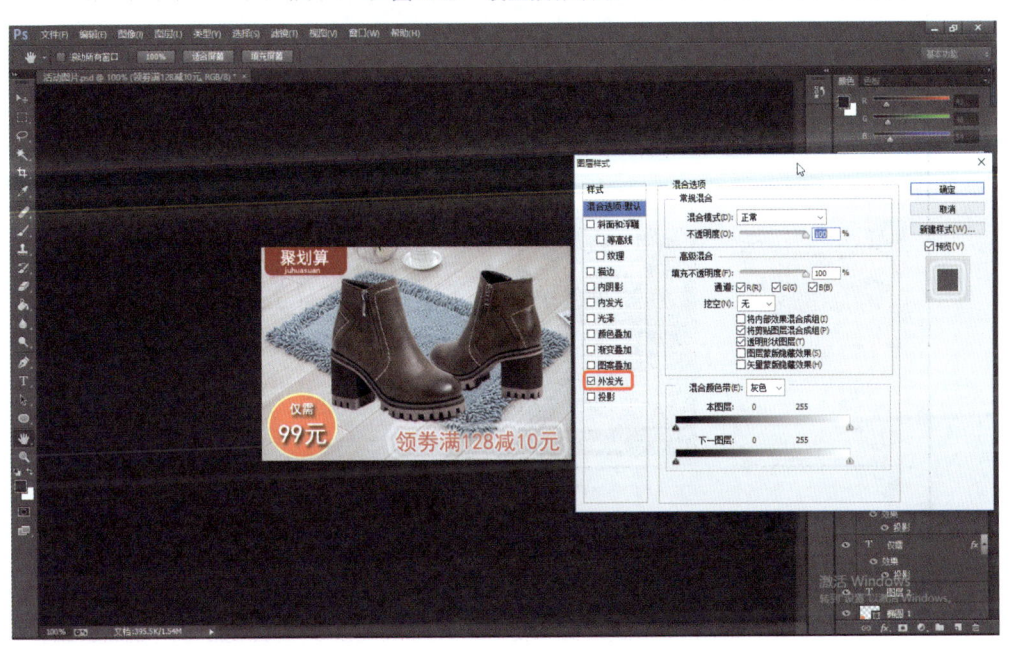

图 6-62 设置"外发光"选项

6.3 促销广告设计

在网店装修过程中，促销广告是不可缺少的，那么网店促销广告应该如何设计？要做

129

出既好看又吸引人的促销广告不是一件简单的事。下面介绍一些网店促销广告设计技巧。

6.3.1 促销广告制作

目前，制作促销广告的方法基本上有 3 种。

第一种方法是先通过互联网寻找一些免费的产品促销模板，然后下载到本地并进行修改，或者直接在线修改，在模板上添加促销产品信息和公告信息，最后将修改后的模板代码应用到网店的促销区即可。这种方法不但方便、快捷，而且无须支付费用；缺点是在设计上有所限制，个性化不足。某网站提供的一些免费促销模板如图 6-63 所示。

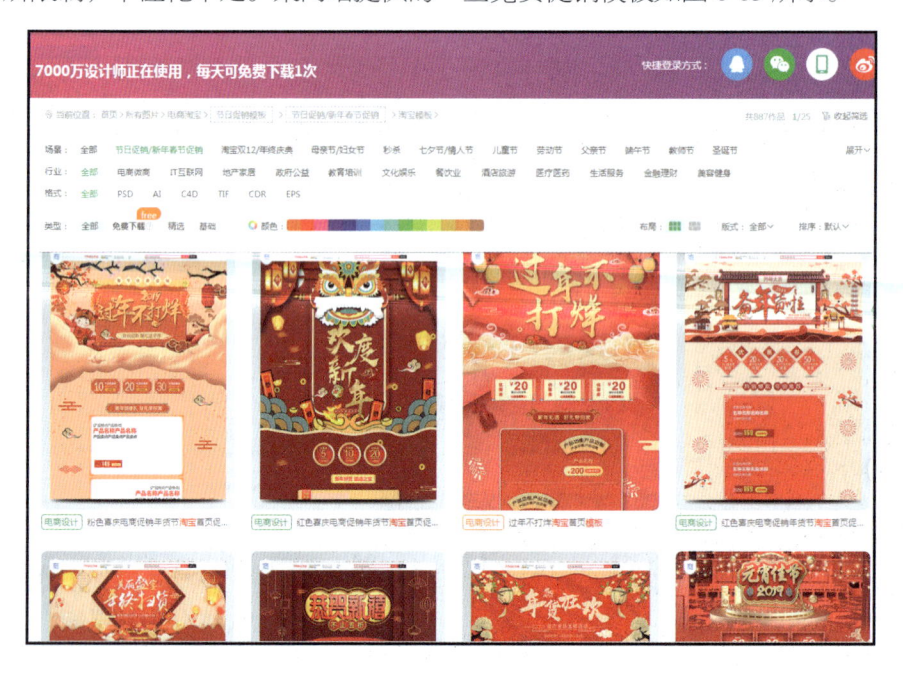

图 6-63　免费促销模板

第二种方法是自行设计产品促销网页。商家可以先使用图片制作软件设计好产品促销版面，然后应用到网店的促销区即可。由于这种方法的促销广告是自行设计的，因此在设计上可以随心所欲，可以按照自己的意向设计出独一无二的促销网页；缺点是对商家的设计能力要求比较高，需要商家掌握一定的图片设计和网页制作技能。自行设计促销区如图 6-64 所示。

第三种方法是最省力的，就是商家从提供网店装修的网店中购买整店装修服务，或者只购买促销广告服务。目前，有很多专门提供网店装修服务和出售网店装修模板的网店，商家可以购买这些装修服务，如图 6-65 所示。

图 6-64　自行设计促销区　　　　　　　图 6-65　购买促销模板

就产品促销区设计而言，购买一个精美模板的价格在几十元左右。如果商家不想使用现成的模板，还可以让这些网店为自己设计一个专属的产品促销模板，不过其价格比购买现成模板的价格高。这种方法最省心，而且可以定制专属的产品促销模板；缺点就是需要花费一定的金钱。

6.3.2　突出活动主题

在设计促销广告时，首先要有一个明确的主题，所有的设计元素都要围绕这个主题展开。促销的主题一般是价格、折扣和其他促销内容，应该把主题突出和放大显示。如图 6-66 所示，突出的活动主题是"1 元预定年货节返现特权"。

所以，要明确促销的主题是什么，并不是每个点都要特别突出、吸引眼球，如果不这样做就会适得其反。如图 6-67 和图 6-68 所示，如果把两张促销广告进行对比，则会发现图 6-68 的效果比图 6-67 的效果好，因为在同一个页面中只表现一个主题更有优势。

图 6-66　突出活动主题　　　　图 6-67　多主题的组合效果不好　　　　图 6-68　突出主题

6.3.3　保证广告形式美观

1. 色彩

色彩基调产生色彩感情，而色彩对比可以增加画面空间感。冷暖色对比如图 6-69 所示。

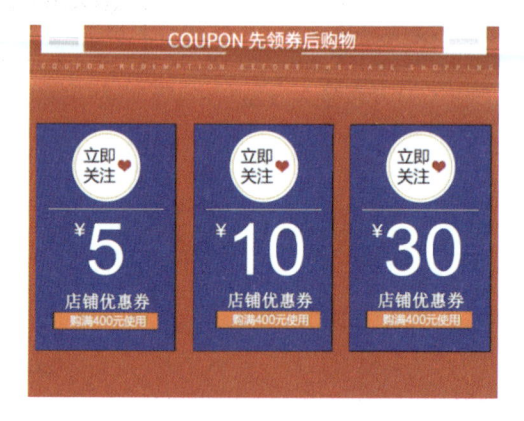

图 6-69　冷暖色对比

　　控制色彩的简单方法是用色不超过 3 种，并按照 6∶3∶1 的比例配置。也就是说，3 种颜色的面积占比为 6∶3∶1。例如，主色调为蓝色，那么其面积应该占 60%左右；辅助色要选择主色调的色相环15°内的色彩，如黄色或紫色，其面积应该占30%左右；对比色选择色相环对角线上的色彩，面积占 10%左右。这个对比色虽然所占面积很小，但如果缺失，画面就会缺乏层次感。

2. 字体

做好字体设计可以在很大程度上为设计加分。对比如图 6-70 和图 6-71 所示的两张海报，一张用传统字体设计标题，另一张则进行了字体设计，你觉得哪张海报更有设计感、更耐看一些？

图 6-70　传统字体　　　　　　　　　图 6-71　设计字体

3. 标签

在设计促销广告时，可以添加价格标签、促销内容标签，标签的设计要符合商品的特点。如图 6-72 所示，"购机抽万元豪礼"，这个标签简洁、明快；如图 6-73 所示，这是限时折扣秒杀标签。

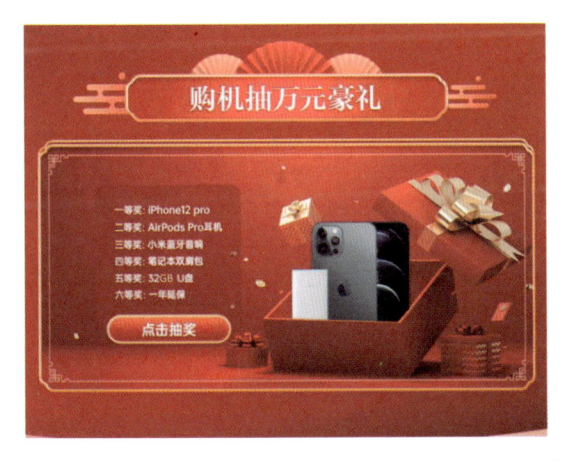

图 6-72　"购机抽万元豪礼"标签　　　　　　　　　图 6-73　"限时折扣秒杀"标签

133

4. 引导

明确的按钮和箭头都会对客户产生引导作用，因为网页上显示的按钮看起来更有立体感，暗示客户去单击，如图 6-74 所示的"点击领取"按钮。

6.3.4 排版构图技巧

设计一张海报需要文案、产品图片和海报尺寸。把这些东西准备好之后，在设计过程中主要确定以下两个方面。

图 6-74 "点击领取"按钮

- 排版构图（文案+产品）。
- 海报配色（背景+文案与产品色的协调）。

常见的版式有 3 种：左文右图、左图右文和两边图中间文。

左文右图式海报如图 6-75 所示。这张海报左边的文案排版非常典型，字体上粗下细、上大下小，上下主次分明，形成对比。

左图右文式海报如图 6-76 所示。这张海报右边的文案排版非常典型，字体也是上粗下细、上大下小的。

两边图中间文式海报如图 6-77 所示。

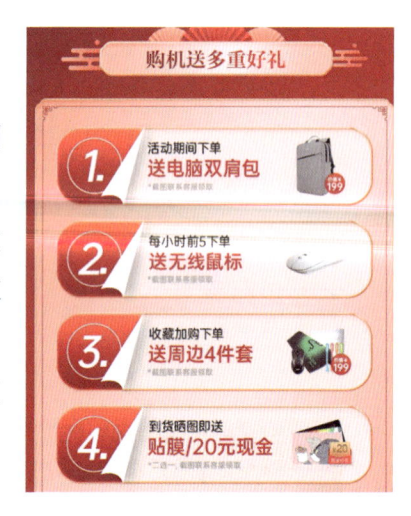

图 6-75 左文右图式海报

图 6-76 左图右文式海报

图 6-77 两边图中间文式海报

6.4 练习题

1. 填空题

（1）在 Photoshop 中可以随意调整_____。有时需要为文字添加一种效果，不仅仅是颜色的改变，还要有纹理、材质的体现。

（2）网店的设计效果与_____有很大关系，设计精美的图片更能吸引人的眼球，所以_____的设计至关重要。

（3）_____是淘宝店铺付费推广的一种，是按点击量收费的。打开手机淘宝，在搜索结果页面中，每隔几个商品就有带有 HOT 字样的商品，这些就是直通车展位。

（4）直通车图主要包括两种类型：一种是最常见的_____，即针对单品推广的直通车图；另一种是_____。

（5）在设计促销广告时，首先要有一个明确的_____。所有的设计元素都要围绕这个_____展开。

2. 简答题

（1）怎样设计促销立体字效果？

（2）怎样设计特效爆炸字？

（3）什么是主图？其位置和展现有什么特点？

（4）促销广告的制作方法有哪几种？

（5）排版构图技巧有哪些？

第 7 章

设计精美的店标和首页

在网店装修过程中，店标和首页的设计也是相当重要的一部分。店标和首页是网店的门面，对于吸引客户具有关键的第一印象的作用。本章将介绍设计精美的店标和首页，让店铺更有个性。

知识导图

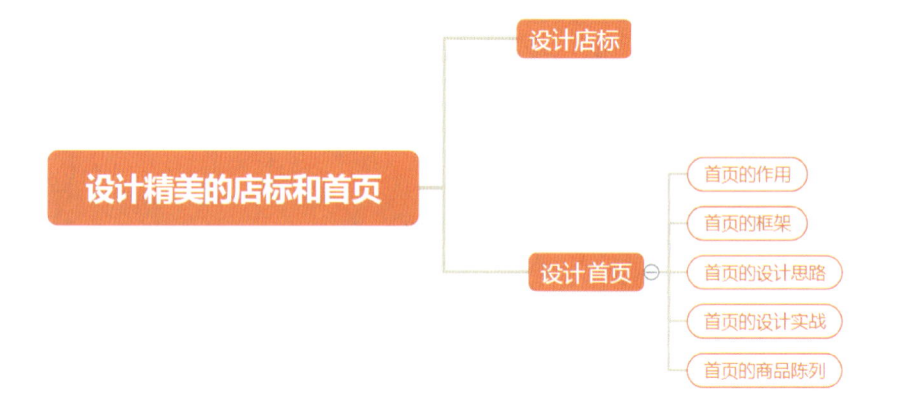

```
                          ┌─ 设计店标
                          │
设计精美的店标和首页 ─────┤              ┌─ 首页的作用
                          │              ├─ 首页的框架
                          └─ 设计首页 ──┼─ 首页的设计思路
                                         ├─ 首页的设计实战
                                         └─ 首页的商品陈列
```

学习目标

- 掌握制作店标的操作步骤。
- 掌握首页的设计思路。
- 掌握首页的设计实战。

第 7 章
设计精美的店标和首页

7.1 设计店标

店标是店铺的重要标志之一，本节将讲述怎样设计一个精美的店标。下面使用 Photoshop CC 制作店标，具体的操作步骤如下。

（1）启动 Photoshop CC，新建空白文档，如图 7-1 所示。

（2）在工具箱中单击"背景"按钮，设置背景图片，在设计窗口中按 Ctrl+Delete 组合键填充背景颜色，如图 7-2 所示。

图 7-1　新建空白文档　　　　　　　图 7-2　填充背景颜色

（3）选择工具箱中的"自定义形状工具"，然后在选项栏中选择相应的形状，如图 7-3 所示。

（4）按住鼠标左键在设计窗口中绘制形状，如图 7-4 所示。

图 7-3　选择相应的形状　　　　　　　图 7-4　绘制形状

137

（5）选择工具箱中的"横排文字工具"，在设计窗口中输入文字"精品女包"，如图 7-5 所示。

（6）选择"图层"|"图层样式"|"外发光"命令，弹出"图层样式"对话框，设置"外发光"选项，如图 7-6 所示。

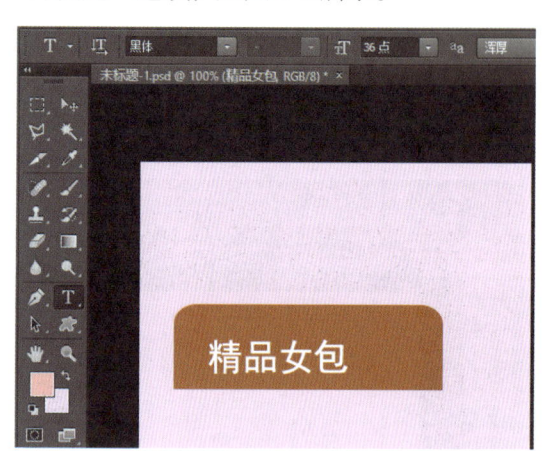

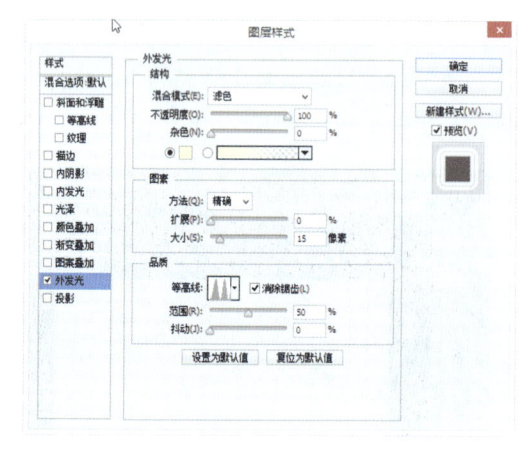

图 7-5　输入文字　　　　　　　　　　图 7-6　设置"外发光"选项（一）

（7）单击"确定"按钮，设置的外发光效果如图 7-7 所示。

（8）在选项栏中选择"自定义形状工具"，然后单击选项栏中的"形状"下拉按钮，在弹出的下拉列表中选择"五角星"形状，如图 7-8 所示。

图 7-7　设置的外发光效果　　　　　　图 7-8　选择"五角星"形状

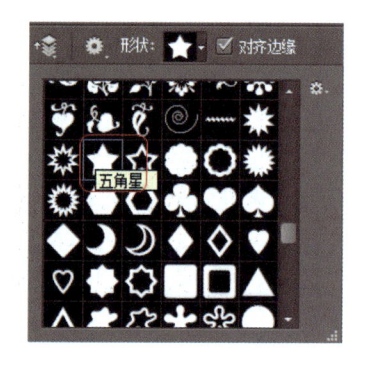

（9）选择"图层"|"图层样式"|"外发光"命令，弹出"图层样式"对话框，设置"外发光"选项，如图 7-9 所示。

（10）单击"确定"按钮，添加五角星之后设置的外发光效果，如图 7-10 所示。

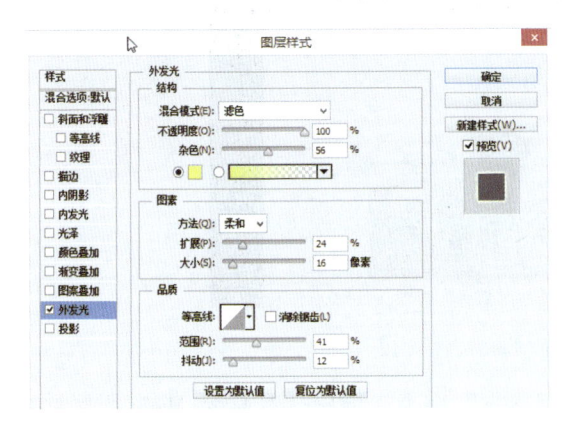

图 7-9　设置"外发光"选项（二）　　　　图 7-10　添加五角星之后设置的外发光效果

（11）重复步骤（8）～（10）绘制另外两颗五角星，并设置图层样式，如图 7-11 所示。

（12）选择图层3，在3颗五角星上分别输入文字"小""迪"和"家"，如图7-12所示。

图 7-11　绘制另外两颗五角星　　　　图 7-12　在 3 颗五角星上输入文字

（13）选择"文件"|"置入"命令，弹出"置入"对话框，选择需要置入的图片，置入图片文件，如图 7-13 所示。

图 7-13　置入图片文件

（14）选择"文件"|"存储为 Web 所用格式"命令，弹出"存储为 Web 所用格式（100%）"对话框，将图片设置为 GIF 格式，如图 7-14 所示，单击"存储"按钮即可保存文件。

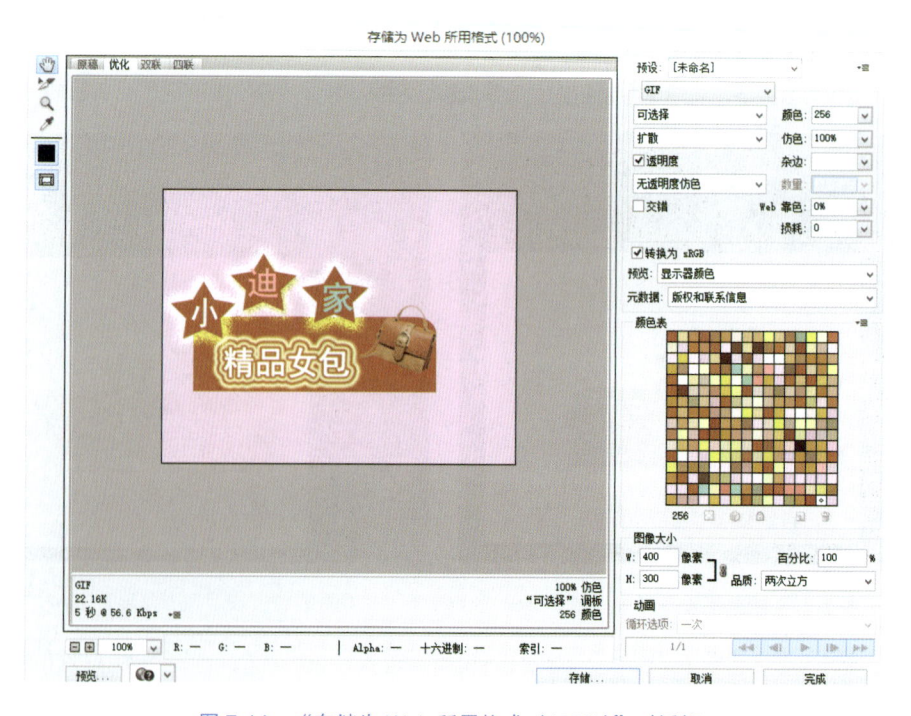

图 7-14　"存储为 Web 所用格式（100%）"对话框

7.2 设计首页

装修过自家店铺的商家都知道，店铺的首页是一个很醒目且关键的部位，其装修在一定程度上会影响到客户。

7.2.1 首页的作用

商家要向客户展示更多的商品，首页是一个很好的载体。首页相当于实体店铺的门面，门面的装修会直接影响商品的价值呈现。

1．设计优秀的首页可以增加客户的信任度

如图 7-15 所示[1]，这是精心装修设计的店铺首页。它呈现给客户的是官方的、品牌感十足的、品质有保障的店铺，在不知不觉中提升客户对店铺的信任度，而且商品的价值也得到了很好的体现。

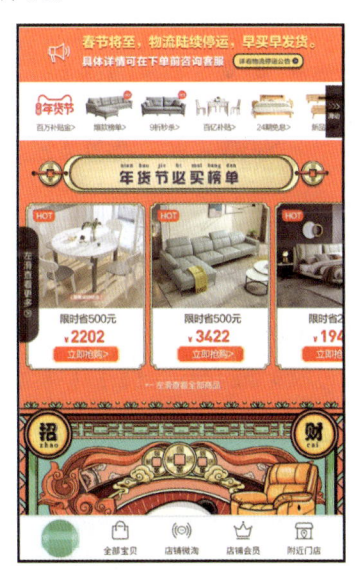

图 7-15　精心装修设计的店铺首页

---

[1] 图中"壕送"的正确写法应为"豪送"。

漂亮的店铺首页装修能让客户在浏览店铺时感觉到美感，即便长时间停留，也不会造成视觉疲劳，在挑选商品时也会更加仔细。

2. 传达品牌形象

首页是传达品牌形象的重要页面。店铺的品牌形象是通过店铺的整体视觉传达给客户的，而店铺首页是客户对店铺形成第一印象的重要区域，是客户在整个店铺中访问量非常高的页面。一个好的店铺首页设计可以起到提升品牌识别的作用。好的形象设计不仅能使店铺的外在形象得到长期的发展，还可以塑造店铺完美的形象，从而加深客户对店铺的印象。

如图7-16所示，通过首页可以把店铺的风格、品牌和商品等信息准确地传达给客户。

图 7-16　传达品牌形象

3. 传达店铺活动信息

首页是店铺信息量最大、最集中的地方，客户要想了解商品，是从了解一家店铺的首页开始的。

通过网店的装修，商家可以将主打商品或促销折扣商品在首页中的醒目位置显示，传达店铺活动信息，这也是提升销量的一种方式。

如图 7-17 所示，店铺首页通过第一屏区域把店铺的促销活动第一时间传达给客户，引起客户的情感共鸣，进而提高店铺的转化率。

4．增加店铺诱惑力

客户在进入店铺后，第一眼看到的就是首页。好的装修可以让客户在店铺中获得温暖、有趣等感知，从而增加店铺吸引力。每个人都喜欢美好的事物，首页也是这个道理。消费者愿意为了美好的东西而买单。店铺装修不一定要求多么有设计感，但是要符合店铺和商品的定位，能给客户提供良好的体验。优秀的首页设计可以增加店铺诱惑力，如图 7-18 所示。

图 7-17　传达店铺活动信息　　　　图 7-18　优秀的首页设计

5．店铺流量的中转站

流量对于一家店铺来说是非常重要的，包括免费的流量和付费的流量。引入流量后，下一步要做的就是提高访问深度。店铺的首页流量非常大，客户在进入首页后会浏览店铺,这时候首页的作用就会显现出来:统一的店铺设计和商品展示会刺激客户的再次点击。商家需要对首页的流量进行合理疏导,帮助客户快速找到目标商品,让店铺主推的单品获得更多的流量。

如图7-19所示,首页顶部的促销活动入口、底部的分类导航和店铺优惠券都是疏导流量的方式,可以有效地降低整个店铺的跳失率。

图 7-19　店铺流量的中转站

7.2.2　首页的框架

店铺首页框架包括店招、导航、促销广告、新品、爆款及其他。在这几个栏目中,商家比较看重的是店招、导航、促销广告和爆款。

商家通过店招告诉客户店铺卖的是什么;而导航就是为了帮助客户迅速地到他想要浏览的商品的入口,分类导航如图7-20所示。

促销广告的目的就是让客户在满足其好奇心时往下拉,在这一部位上可以布置很多商品供客户浏览使用，这个功能也能够提高店铺的浏览量。某店铺首页的促销广告如图 7-21 所示。

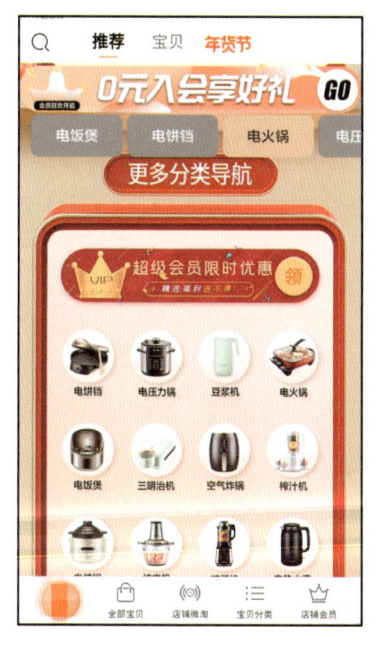

图 7-20　分类导航

图 7-21　某店铺首页的促销广告

而在店铺首页的爆款当中，我们主要考虑到某一爆款的推向人群和消费程度，这样才能以更合理的方式来装修店铺。某店铺首页的爆款如图 7-22 所示。

图 7-22　某店铺首页的爆款

7.2.3 首页的设计思路

首先需要明确店铺首页的设计思路。根据店铺运营的需求，通常会把店铺首页分成常规首页和活动首页。

1. 常规首页的设计思路

常规首页的设计思路以方便客户购物为目标，提升客户购物体验。为了达到这个效果，需要对首页进行一系列规划。

1）在优质位置展示海报

在正常情况下，需要将流量需求大的页面入口呈现得更显眼，尺寸更大，并且摆放的位置也会相对靠前。在一般情况下，店铺首页第一屏是海报宣传图。海报宣传图具有很强的视觉冲击力，是店铺最优质的展示位置。应该将店铺中最有特点的商品、最有特色的服务通过海报展示给客户，以此来吸引客户对店铺产生兴趣。某店铺的海报宣传图如图 7-23 所示。

2）做好分类导航

在设计常规首页时，需要考虑导航设置的合理性，合理地设置分类导航可以把流量精准地引入目标商品或页面，给客户提供更好的购物体验。导航具有重要作用，它可以帮助客户快速找到自己喜欢的商品。

分类导航不仅可以让客户快速地找到目标商品，还可以有效地对客户做出引导，从而推广店铺的商品。某店铺的分类导航如图 7-24 所示。

3）提升客户体验

首页的重要任务之一是将店铺的流量合理地分配到相关页面，降低店铺的流失率。此时需要在首页上增加一些提升客户体验的模块，为客户提供一些方便。常见的提升客户体验的内容或模块包括分类导航模块、在线客服咨询模块、店内搜索功能等。

2. 活动首页的设计思路

店铺首页常见的活动包括单品爆款、新品上市、特价促销、"双 11"活动、"双 12"活动、换季、节日活动、店庆活动和清仓活动等。

图 7-23　某店铺的海报宣传图　　　　　图 7-24　某店铺的分类导航

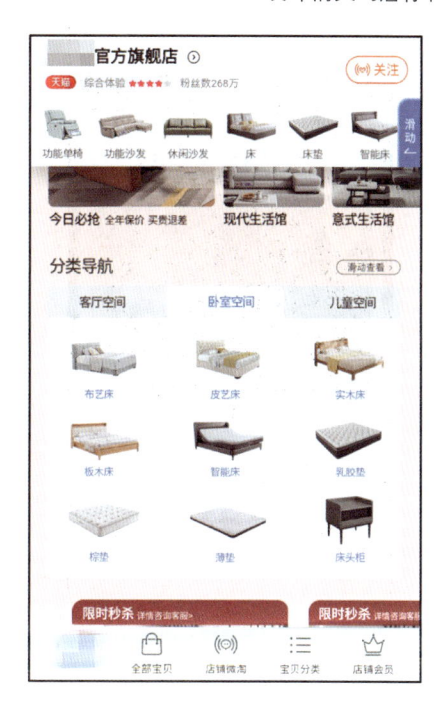

1）单品爆款

单品爆款是常见的促销活动，在设计时采用该单品的最大卖点为主要展现内容。例如，单品爆款的首屏就可以添加商品销量作为主打内容，加上商品图片，再添加商品信息和价格。另外，该商品如果有对应的活动，如赠品和优惠券等，那么也要在适当的位置加以表达，最大限度地增加商品的吸引力。某店铺的单品爆款如图 7-25 所示。

2）新品上市、特价促销

新品上市时也可以作为单品推广。另外，特价促销的商品也可以作为题材。某店铺新品上市时的首页如图 7-26 所示。

3）"双 11" /"双 12" 活动

各种节日期间会举行大型促销活动，如"双 11""双 12"和"年中大促"等。这些大型促销活动的知名度比较高，并且促销力度比较大，所以可以吸引大量客户。在店铺最显眼的位置添加参加相关活动的信息，如活动优惠信息、活动形式、活动时间等，如图 7-27 所示。

电商多平台美工实战
淘宝、京东、拼多多

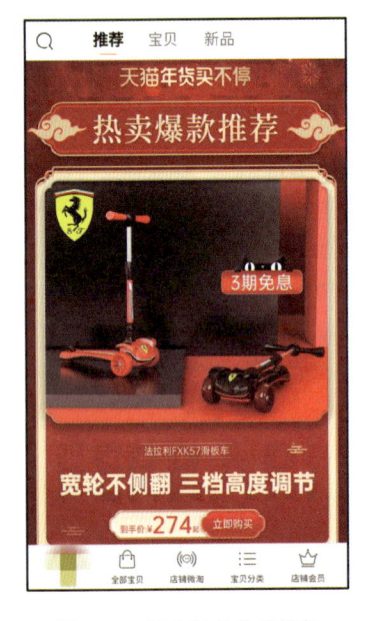

图 7-25　某店铺的单品爆款　　　　　图 7-26　某店铺新品上市时的首页

图 7-27　"双 11"活动

4）换季、节日活动

参加官方活动的费用比较高，而且需要具备相应的条件。除了官方活动，其他的就是店铺开展的一些促销活动，店铺活动中比较常见的主题是符合当下季节或节日的相关题材，如 "3·8 女王节" 活动，如图 7-28 所示。

5）店庆活动、清仓活动

周年庆典时促销是比较常见的活动。清仓甩卖也是比较常见的促销活动，而且在适用时间上比较广泛。某店铺 5 周年庆祝活动如图 7-29 所示。

148

图 7-28 "3·8 女王节"活动　　　　　　　　图 7-29 某店铺 5 周年庆祝活动

7.2.4　首页的设计实战

首页是由多个模块搭建而成的，想要布局一个优秀的店铺首页，就需要对店铺的每个模块都有非常清晰的了解，并且知道它们的重点和注意点，还要知道每个模块的使用技巧。手机淘宝首页装修时的各模块如图 7-30 所示。

图 7-30　手机淘宝首页装修时的各模块

1. 店铺导航

导航可以分为淘宝系统自带的导航和自定义导航，其主要功能是帮助客户快速找到相应的商品。店铺导航就是店铺附带的商品及店铺信息，这些信息包括"推荐""宝贝""新品""活动"和"买家说"等，如图 7-31 所示。导航的设置应根据店铺自身的实际情况而定，不是越多越好，而应结合店铺的运营，选取对店铺运营有帮助、相对于竞争对手有优势的内容及自己独有的店铺商品内容。

图 7-31　店铺页头的导航效果

进入"淘宝旺铺"管理后台页面，在"店铺装修"|"导航设置"界面可以设置导航栏，如图 7-32 所示。

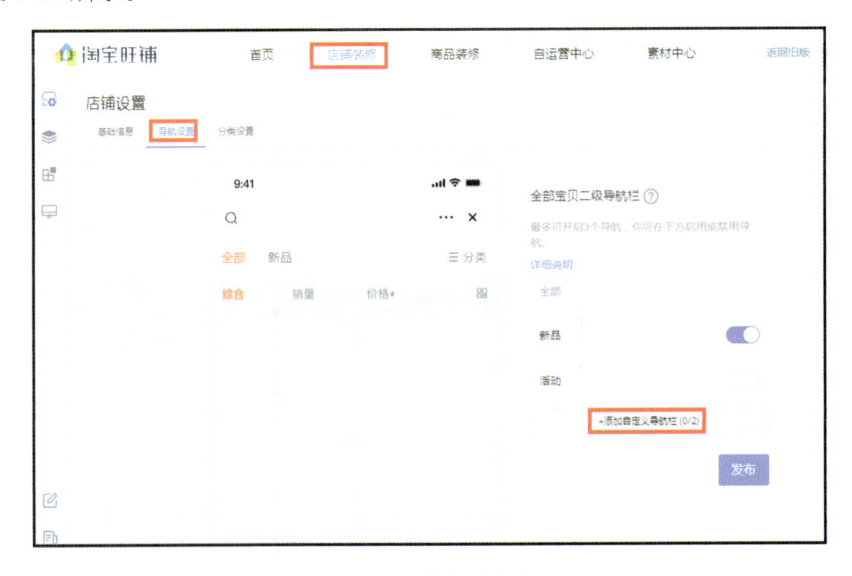

图 7-32　设置导航栏

2. 图片轮播

现在很多店铺的首页的第一屏都是图片轮播，图片轮播承担着传递店铺的品牌视觉风格及店铺的活动信息等重要责任。需要注意的是，要保证这个区域在不同的屏幕分辨率下都能够清晰地展现出来。某店铺的图片轮播如图 7-33 ~ 图 7-36 所示。

图 7-33　图片轮播（一）

图 7-34　图片轮播（二）

图 7-35　图片轮播（三）

图 7-36　图片轮播（四）

图片轮播会直接影响商品的点击量、浏览量等。在设计店铺首页时，很多商家希望把一些图片制作成轮播的方式，这样可以让客户获得更多的店铺活动和商品信息，并且不浪费页面空间。另外，图片轮播对于店铺做活动时是有很大帮助的。那么，如何做好图片轮播呢？

（1）选择制作轮播图的图片一定要突出店铺的主题。例如，某男装店铺打算在6月主打男装夏款，此时就不能放一张冬季外套的图片。

（2）图片轮播要选择一些场景完整的图片，这样客户在看到的时候才不会觉得很奇怪。

（3）制作轮播图的图片要清晰可见，杂点要少，要让商品看上去有质感、有层次。不清晰的图片一定不能放在店铺首页，因为客户看到这样的图片之后就没有心思继续浏览。

（4）现在大多数店铺首页轮播图片的宽度固定为950px，高度则没有限制，可以根据网店的具体情况来调整轮播图片宽和高的比例。

（5）为图片轮播加上适当的文字说明。文字说明要简单明了、突出主题。切记不要把文字说明堆砌在图片上，否则不仅会影响图片的美观度，文字的堆积还会让人厌烦。另外，重点内容要突出，色彩要鲜明，文字的排版要美观。

3. 商品分类

店铺内的商品大多是有分类的，这样客户可以根据自己的需求快速找到想要的商品。最简单的分类方式就是在淘宝店铺后台分类管理中简单录入分类名称，这样店铺首页就可以通过文字的形式把店铺中的分类展示出来。某店铺的商品分类如图7-37所示。

进入"淘宝旺铺"管理后台页面，在"店铺装修"选项卡下单击"分类设置"|"新宝贝分类页面"|"装修页面"按钮，如图7-38所示。

进入分类页面，在这里可以添加一级分类、二级分类和三级分类，如图7-39所示。

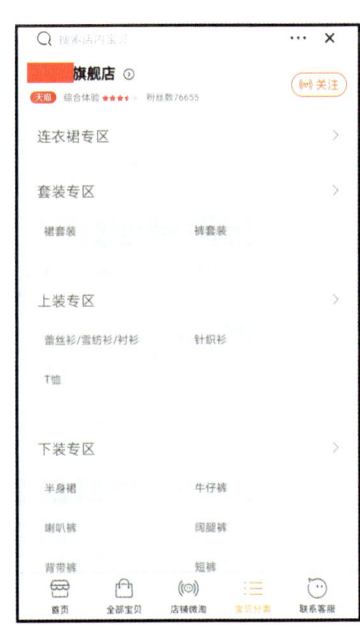

图 7-37 某店铺的商品分类

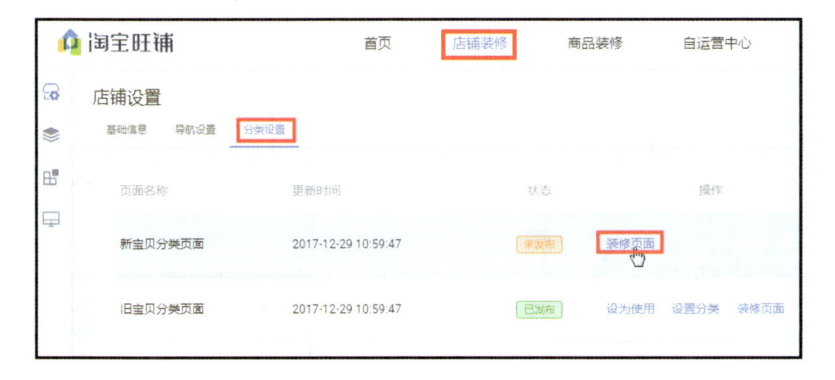

图 7-38 单击"分类设置"|"新宝贝分类页面"|"装修页面"按钮

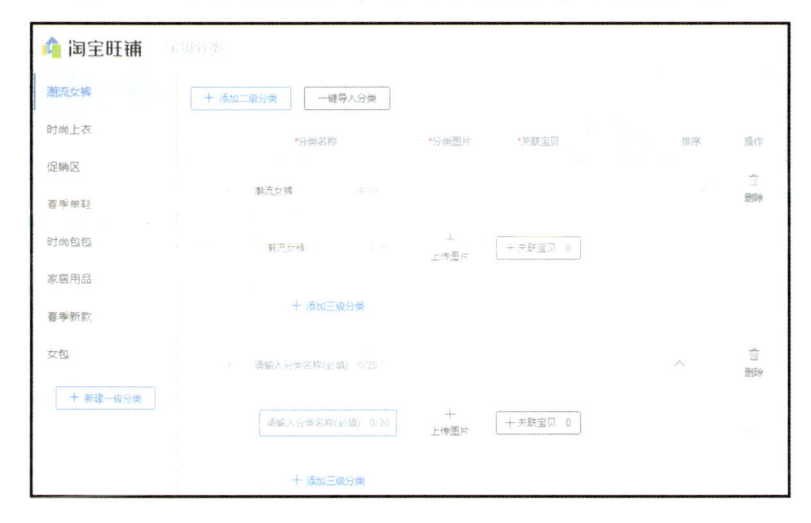

图 7-39 添加分类

在设计分类导航时必须注意以下几个原则。

- 原则一：导航文字要简洁明了，导航中分类的数量不宜过多。
- 原则二：促销类、应季类的导航靠前呈现。
- 原则三：充分考虑商品的各个属性，从客户的角度做多维度的导航分类。
- 原则四：避免出现无商品的空分类。

4．商品展示

在店铺首页上所能看到的商品都是通过各种展示形式得以实现的，其中最简单的形式就是淘宝自身的商品展示系统，如图 7-40 所示。店铺中的某些商品因为品质高、包装精美、利润空间大等因素被商家定位为店里的主推商品，其展示形式既可以是几张大幅的海报，也可以是一组包含各式各样结构的展示架构。个性化的商品展示模块可以更大限度地呈现商品的诱惑力、价值等，如图 7-41 所示。

图 7-40　淘宝自身的商品展示系统 　　　　图 7-41　个性化的商品展示模块

5. 商品搜索模块

商品搜索模块是系统自带的针对店铺内商品进行搜索的模块，商家只需要在装修时添加该模块即可。根据添加的位置不同，商品搜索模块呈现的外观也略有不同。某店铺的商品搜索模块如图 7-42 所示。

图 7-42　某店铺的商品搜索模块

6. 页尾模块

页尾模块非常重要，但容易被忽略。它的主要作用是引导客户浏览其他商品，降低页面跳失率，提升店铺收藏量。

页尾与页头是相呼应的，它使店铺页面在结构上实现了完整性，同时对店铺的形象展示、店内分流也起到了很大的作用。相对来说页尾内容比较少。页尾通常会放置"首页""全部宝贝""店铺微淘""宝贝分类"和"联系客服"等内容，增加客户对店铺的信任感。某店铺的页尾模块如图 7-43 所示。

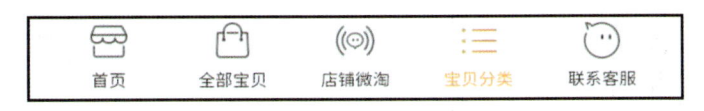

图 7-43　某店铺的页尾模块

7.2.5　首页的商品陈列

商品陈列是一门综合艺术，它集广告性、艺术性、真实性于一体。商品陈列通过不同的表达方式将页面内的商品更加美观地呈现给客户。陈列的目的是让客户做出决策，让店铺商品超越自身的价值、卖出更高的价位、第一时间争夺客户的眼球。

1. 醒目陈列

商品陈列应做到醒目、突出，以便迅速引起客户的关注，如图 7-44 所示。店铺要做到商品丰富，因为丰富的商品可以使客户产生有充分挑选余地的心理感受，从而激发其购买欲望。

把活动商品摆放在醒目的位置、把款式新颖的商品摆放在最能吸引客户视线的位置等，都可以起到促进客户购买的作用。

2. 关联陈列

关联陈列是指将不同种类但有关联性的商品陈列在一起，如衬衫和领带。运用商品之间的互补性，可以使客户在购买某商品后，顺便购买旁边的商品，增加客户购买相关商品的概率。渔竿和相关配件的关联陈列如图 7-45 所示，这样可以达到促进销售的目的。

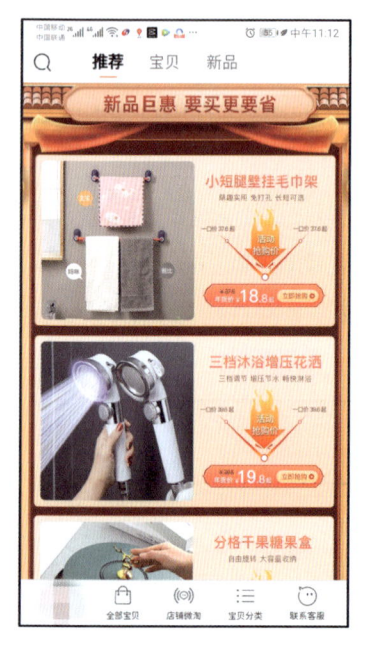

图 7-44　醒目陈列

图 7-45　关联陈列

3．主推陈列

每家店铺都会有几件主推商品，如何排列是一个需要仔细思考的问题。就像商店中的橱窗陈列一样，显眼的位置总会被第一时间注意到。所以，选择主推的位置是要经过慢慢地尝试和调整的。有些客户习惯在店铺的首页寻找热销商品。一般来说，最好进行集中展示，主推商品的包装越显著越好，最好显示一些数据信息，如客户评价、收藏量等。可以选择需求量大的店铺主推商品作为陈列重点，如图 7-46 所示。

4．整体陈列

整体陈列是指将整套商品完整地展示给客户，如将全套服饰作为一个整体（见图 7-47），用人体模特从头到脚完整地进行陈列。整体陈列形式能帮助客户进行整体设想，便于客户购买。

5．裸露陈列

好的商品摆放应为客户观察及选购提供便利。如果仅仅呈现商品包装，则不足以让客户了解商品。因此，应采用裸露陈列的形式，允许客户观看商品本身及内部细节，以便减少客户的心理顾虑，从而坚定客户的购买信心。裸露陈列如图 7-48 所示。

图 7-46　主推陈列　　　　　　　　　　图 7-47　整体陈列

图 7-48　裸露陈列

在商场中，货架哪个位置摆放什么都是固定的，即使有促销活动，也只是稍微调整一下位置。网店也是一样的，客户在熟悉店铺之后，也会形成一种浏览习惯。所以，商品陈列的方式一旦确定下来，就不要频繁改动。如果有更好的布局方式，则可以慢慢地改动，让老客户慢慢适应。所谓"客户就是上帝"，一切不尊重客户体验的行为，都不会带来出色的营销结果。

电商多平台美工实战
淘宝、京东、拼多多

7.3 练习题

1. 填空题

（1）_____是店铺的门面，对于吸引客户具有关键的第一印象的作用

（2）_____是店铺信息量最大、最集中的地方，客户要想了解商品，是从了解一家店铺的首页开始的。

（3）在设计店铺首页时，很多商家希望把一些图片制作成_____的方式，这样可以让客户获得更多的店铺活动和商品信息，并且不浪费页面空间。

（4）店铺首页框架有店招、导航、促销广告、新品、爆款及其他。在这几个栏目中，商家比较关注的是_____、_____、_____和_____。

（5）_____是指将不同种类但有关联性的商品陈列在一起，如衬衫和领带。

2. 简答题

（1）店铺首页的作用有哪些？

（2）店铺首页框架有哪些常见模块？

（3）首页的设计思路是怎样的？

（4）在设计海报宣传图时需要注意哪些要点？

（5）如何做好图片轮播？

第 8 章

淘宝店铺装修实战

随着移动网络的发展，越来越多的人喜欢在移动端上网购物，移动端购物已经成为一种趋势。手机淘宝成为阿里巴巴在移动端的战略重心，主要体现在商品浏览、检索、交易和沟通等环节。本章将介绍手机淘宝店铺装修特点、通用装修设置、手机淘宝首页布局模块管理。

知识导图

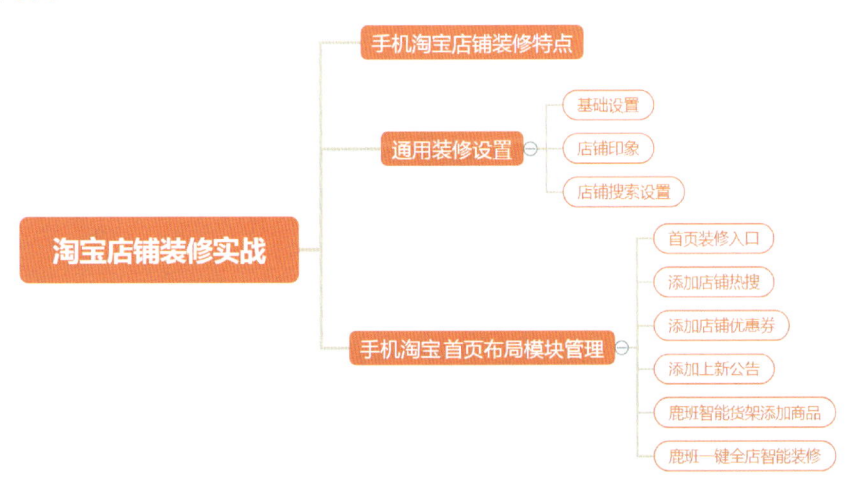

```
                          ┌─ 手机淘宝店铺装修特点
                          │
                          │                   ┌─ 基础设置
                          ├─ 通用装修设置 ─┼─ 店铺印象
                          │                   └─ 店铺搜索设置
淘宝店铺装修实战 ─┤
                          │                           ┌─ 首页装修入口
                          │                           ├─ 添加店铺热搜
                          │                           ├─ 添加店铺优惠券
                          └─ 手机淘宝首页布局模块管理 ─┼─ 添加上新公告
                                                      ├─ 鹿班智能货架添加商品
                                                      └─ 鹿班一键全店智能装修
```

学习目标

↗ 掌握手机淘宝店铺装修特点。

⤴ 掌握手机淘宝首页布局模块管理。

8.1 手机淘宝店铺装修特点

手机淘宝店铺页面在装修时的特点如下。

1. PC 端与移动端页面设计的差异

在 PC 端，客户的浏览习惯一般是商品→关联→商品。客户先通过商品搜索进入店铺的商品详情页，然后通过详情页的关联，再进入其他商品详情页。

在移动端，客户的浏览习惯更多的是商品→首页→商品。客户先通过商品搜索进入店铺的商品详情页，然后回到首页，再进入其他商品详情页。因此，移动端的首页应该更加侧重于商品的导购，充分利用好首页空间，尽量设计多个入口，或者以主推商品、销量或收藏排序摆放商品，方便客户用最短的时间找到最想要的商品。

在每个页面的底部利用好图文模块的关联，搭建与其他页面连接的桥梁，引导客户进入其他二级页面浏览，如图 8-1 所示。

2. 清晰的导购思路

在设计移动端首页时，一定要有一个清晰的导购思路。移动端页面的设计核心是模块化。移动端首页普遍由顶部导航、海报、优惠券、商品展示和底部的栏目等组成，如图 8-2 所示。

3. 模块化设计

在促销活动期间，首先要利用好首页的模板，确定哪个模块适合展示小的活动、哪个模块适合展示分类入口、哪个模块适合展示主推商品。然后对客户的购买心理及购物、浏览习惯进行分析，做好模块化的导购。

在进行整体设计时最重要的就是整齐统一，尽量使用扁平化设计，去掉冗余的效果，省时、省力。

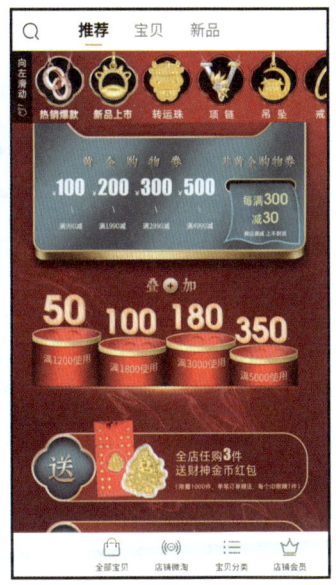

图 8-1　在页面底部利用好图文模块的关联　　　　图 8-2　移动端首页

8.2　通用装修设置

下面介绍淘宝店铺的通用装修，包括基础设置、店铺印象、店铺搜索设置。

8.2.1　基础设置

店铺基础设置包括店铺名称和店铺标志的设置。所谓店铺标志是指店铺的标志图片，一般放在店铺的左上角。

店铺基础设置的具体操作步骤如下。

（1）登录千牛卖家工作台，单击"店铺管理"|"手机淘宝店铺"链接，如图 8-3 所示。

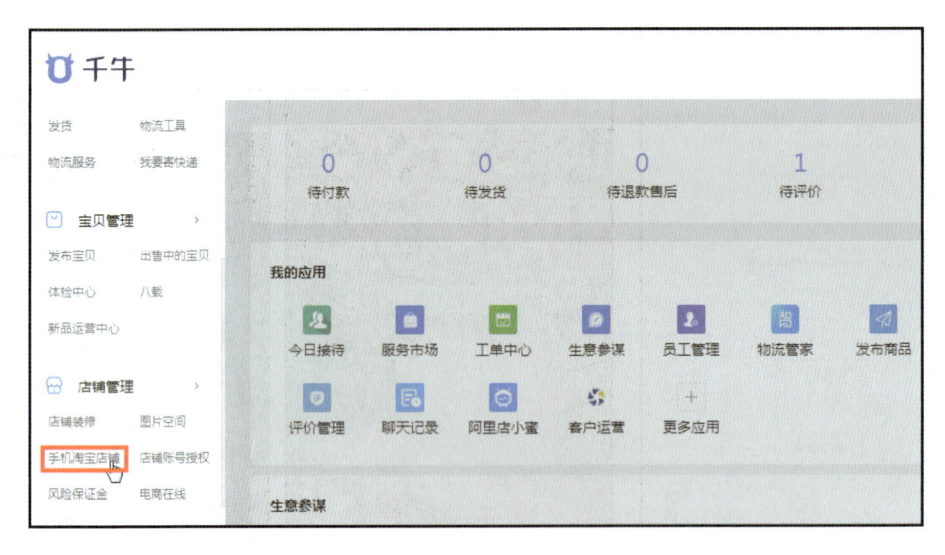

图 8-3 单击"店铺管理"|"手机淘宝店铺"链接

（2）进入"无线店铺"装修页面，单击"立即装修"按钮，如图 8-4 所示。

图 8-4 单击"立即装修"按钮

（3）进入"淘宝旺铺"管理页面，单击"基础设置"链接，如图 8-5 所示。

第 8 章
淘宝店铺装修实战

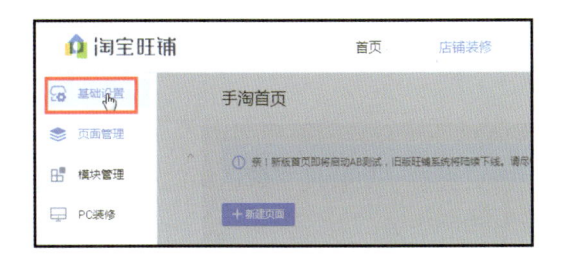

图 8-5 单击"基础设置"链接

（4）进入"店铺基础"|"基础信息"页面，在这个页面中可以设置店铺的基本信息，单击"店铺名称"后的"修改"按钮，如图 8-6 所示。

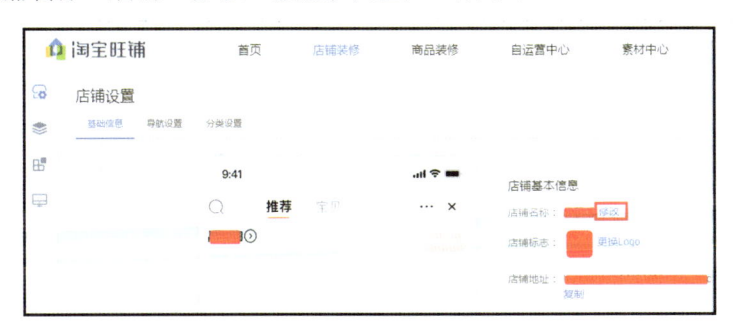

图 8-6 单击"修改"按钮

（5）打开"基础信息"页面，在这个页面中不仅可以设置店铺名称、上传图标，还可以设置店铺简介、主要货源等信息，如图 8-7 所示。

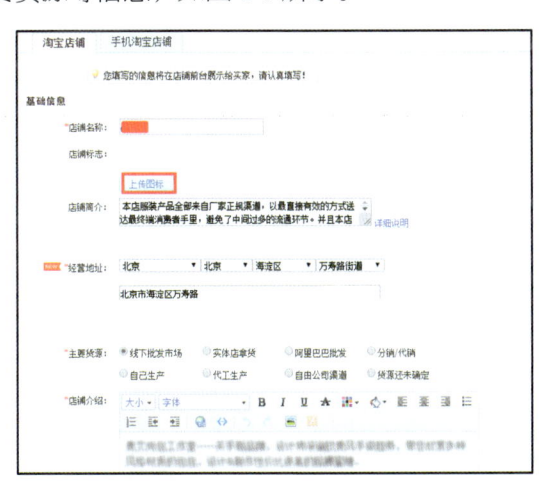

图 8-7 设置"基础信息"页面

163

8.2.2 店铺印象

原店铺简介页升级为店铺印象，在装修时可以添加店铺介绍、店铺故事、发货通知等，通过店铺印象客户可以更直接、更好地了解店铺的特色及店铺形象，同时为客户提供一定的参考，帮助客户做出购物决策。

店铺印象具体设置步骤如下。

（1）在"淘宝旺铺"页面中单击"通用设置"|"店铺印象"链接，弹出"店铺印象"页面，单击"装修页面"按钮，如图 8-8 所示。

图 8-8　单击"装修页面"按钮

（2）进入"店铺印象"页面，在这个页面中可以设置"店铺介绍"模块、"店铺故事"模块和"店铺说明"模块，如图 8-9 所示。

（3）在"店铺介绍"模块中单击，弹出提示框，提示"装修开关（打开即可装修）"，打开开关，单击"添加视频"按钮，如图 8-10 所示。

（4）弹出"选择视频"对话框，单击"上传视频"按钮，如图 8-11 所示。

图 8-9 "店铺印象"页面

图 8-10 "店铺介绍"模块

电商多平台美工实战
淘宝、京东、拼多多

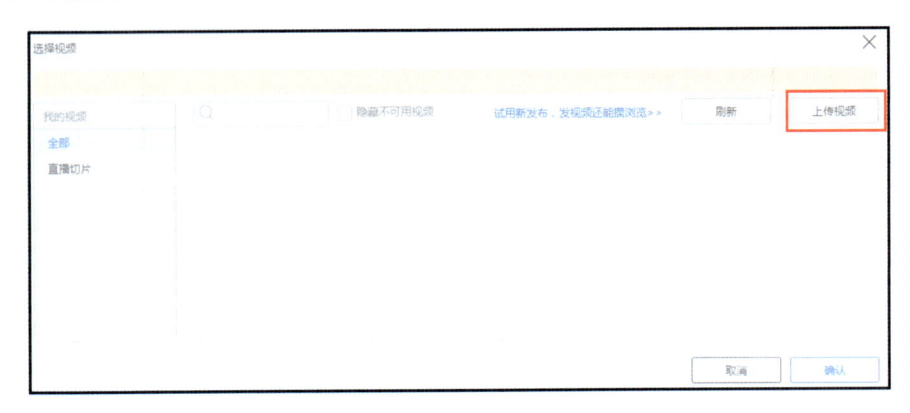

图 8-11　单击"上传视频"按钮

（5）在弹出的"打开"对话框中选择要上传的视频文件，如图 8-12 所示，视频即可上传完成。

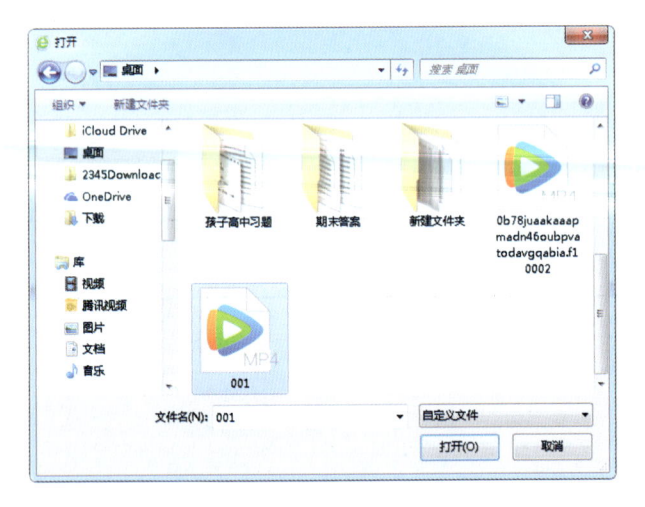

图 8-12　选择要上传的视频文件

8.2.3　店铺搜索设置

店铺中的商品琳琅满目，客户在众多商品中找到自己需要的商品就要使用店铺搜索，店铺搜索的设置步骤如下。

（1）在"淘宝旺铺"页面中单击"通用设置"|"店铺搜索"链接，弹出"店铺搜索"页面，单击"装修页面"按钮，如图 8-13 所示。

图 8-13 "店铺搜索"页面

（2）进入"店铺搜索"页面，商家可以在旺铺后台设置店铺内搜索，允许配置 6 个搜索热门推荐词，如图 8-14 所示。

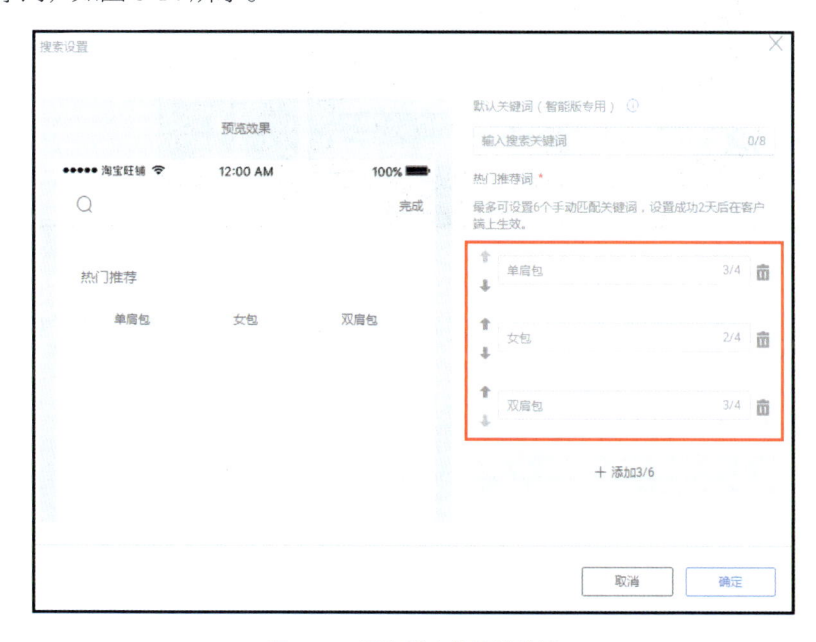

图 8-14 添加搜索热门推荐词

电商多平台美工实战
淘宝、京东、拼多多

8.3 手机淘宝首页布局模块管理

装修首页的目的在于减少跳失率、增加转化率、增加访问深度。虽然很多客户是通过宝贝详情页进入店铺的，但是客户如果对店铺中的商品感兴趣，则会回到首页，再浏览其他商品，最后才做出决定。所以，店铺首页的装修特别重要。

8.3.1 首页装修入口

手机淘宝首页装修的具体操作步骤如下。

（1）登录淘宝网，单击右上方的"千牛卖家中心"下拉按钮，如图 8-15 所示。

图 8-15　单击"千牛卖家中心"下拉按钮

（2）进入千牛卖家中心页面，单击左侧导航栏中的"店铺管理"|"手机淘宝店铺"链接，如图 8-16 所示。

（3）进入"无线店铺"页面，单击"立即装修"按钮，如图 8-17 所示。

（4）进入"淘宝旺铺"|"店铺装修"页面，单击"手淘首页"|"装修页面"按钮，如图 8-18 所示。

（5）进入"页面容器"页面，该页面主要有 3 个模块，分别是"图文类"模块、"宝贝类"模块和"营销互动类"模块，如图 8-19～图 8-21 所示。

168

第 8 章
淘宝店铺装修实战

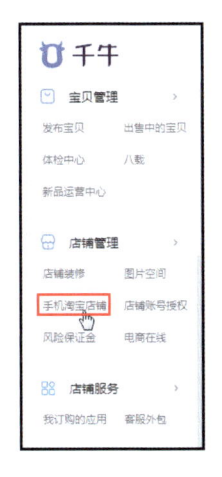

图 8-16　单击"手机淘宝店铺"链接　　　图 8-17　单击"立即装修"按钮

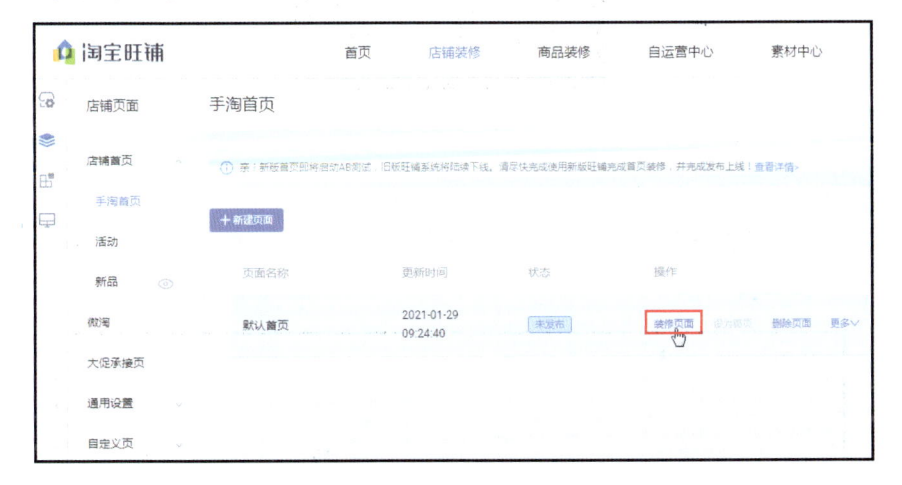

图 8-18　单击"手淘首页"|"装修页面"按钮

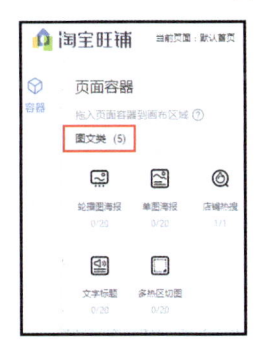

图 8-19　"图文类"模块　　图 8-20　"宝贝类"模块　　图 8-21　"营销互动类"模块

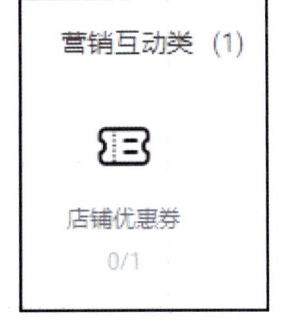

169

8.3.2 添加店铺热搜

在店铺首页可以添加店铺热搜商品，如图 8-22 所示。

图 8-22 店铺热搜商品

在手机淘宝首页添加店铺热搜商品的操作步骤如下。

（1）进入"淘宝旺铺"|"店铺装修"页面，选择"页面容器"|"图文类"|"店铺热搜"容器，如图 8-23 所示。

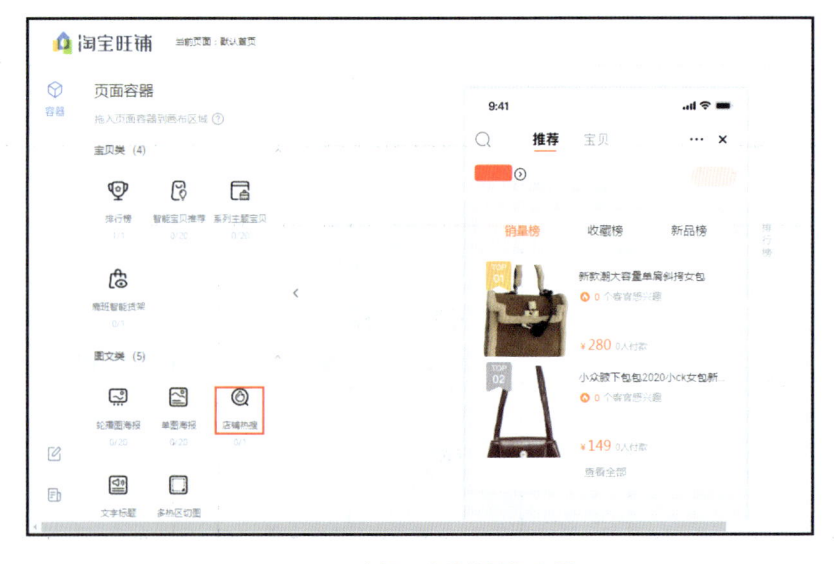

图 8-23 选择"店铺热搜"容器

（2）按住鼠标左键将"店铺热搜"容器拖到首页相应的位置，如图 8-24 所示。

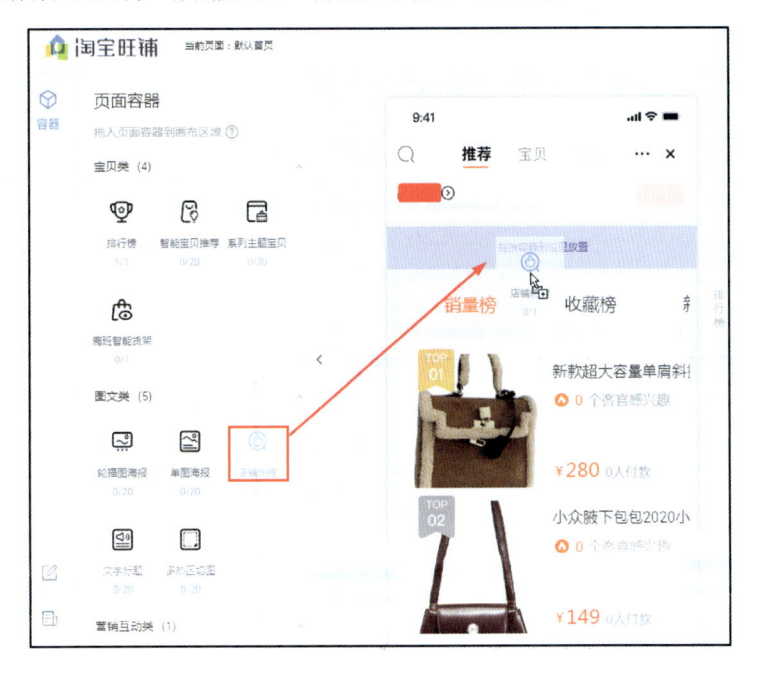

图 8-24　将"店铺热搜"容器拖到首页相应的位置

（3）松开鼠标左键，"店铺热搜"容器拖动成功，在"店铺热搜"容器中单击"添加模块内容"按钮，如图 8-25 所示。

图 8-25　在"店铺热搜"容器中单击"添加模块内容"按钮

（4）进入"选择模块/店铺热搜"页面，如果已经有建好的模块，则单击模块后的"编辑"按钮，如图 8-26 所示。

（5）进入"店铺热搜"|"模块基础信息"页面，在这里可以设置模块名称，如图 8-27 所示。

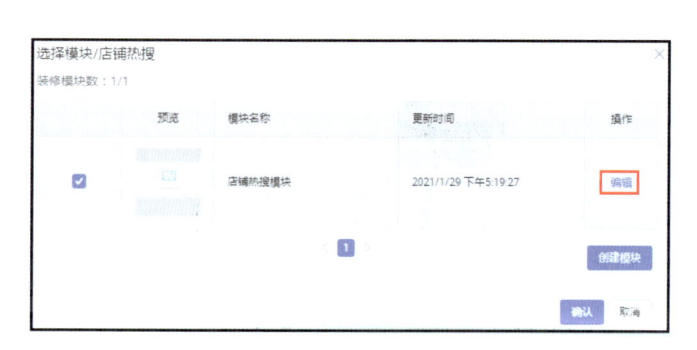

图 8-26 单击模块后的"编辑"按钮

图 8-27 设置模块名称

8.3.3 添加店铺优惠券

店铺优惠券属于一种虚拟的电子券，商家可以在不用发放现金的情况下，针对不同的客户发放不同面额的淘宝店铺优惠券。目前，店铺优惠券可以全店通用，它的主要作用是提升店铺商品的转化率和店铺的流量，以及提高店铺整体的竞争力。淘宝首页的店铺优惠券如图 8-28 所示。

添加店铺优惠券具体的操作步骤如下。

（1）进入"淘宝旺铺"|"店铺装修"页面，选择"页面容器"|"营销互动类"|"店铺优惠券"容器，按住鼠标左键将"店铺优惠券"容器拖到首页的相应位置，如图 8-29 所示。

图 8-28 淘宝首页的店铺优惠券

第 8 章
淘宝店铺装修实战

图 8-29　将"店铺优惠券"容器拖到首页的相应位置

（2）松开鼠标左键，"店铺优惠券"容器拖动成功，在"店铺优惠券"容器中单击"添加模块内容"按钮，如图 8-30 所示。

图 8-30　在"店铺优惠券"容器中单击"添加模块内容"按钮

（3）进入"选择模块/店铺优惠券"页面，单击"创建模块"按钮，如图 8-31 所示。

（4）进入"店铺优惠券"|"模块基础信息"页面，在这里不仅可以设置模块名称，手动添加优惠券，还可以设置优惠券数量，如图 8-32 所示。

173

图 8-31　单击"创建模块"按钮　　　　图 8-32　"模块基础信息"页面的设置

8.3.4　添加上新公告

目前，网店的竞争越来越激烈，商家应该在保证商品质量的基础上，在老客户中发掘机会，吸引回头客。在店铺首页添加上新公告就是一个好的方法，设置上新公告以后，老客户可以看到店铺的上新消息，如果他们有兴趣，那么自然会下单购买商品。

添加上新公告具体的操作步骤如下。

（1）进入"淘宝旺铺"|"店铺装修"页面，单击"店铺首页"|"新品"链接后，再单击"设置上新公告"按钮，如图 8-33 所示。

图 8-33　单击"设置上新公告"按钮

第 8 章
淘宝店铺装修实战

（2）在弹出的"上新公告设置"对话框中，既可以选择"文本公告"方式，也可以选择"图片公告"方式，这里选中"图片公告"单选按钮，单击"上传图片"按钮，如图 8-34 所示。

图 8-34　单击"上传图片"按钮

（3）弹出"选择图片"对话框，单击右上角的"上传图片"按钮，如图 8-35 所示。

图 8-35　单击右上角的"上传图片"按钮

（4）弹出"打开"对话框，选择要上传的图片文件，如图 8-36 所示。

175

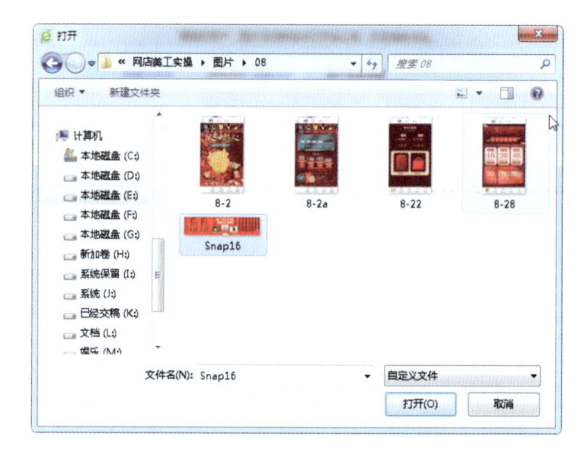

图 8-36　选择要上传的图片文件

（5）图片上传成功后，单击"确认"按钮，如图 8-37 所示。

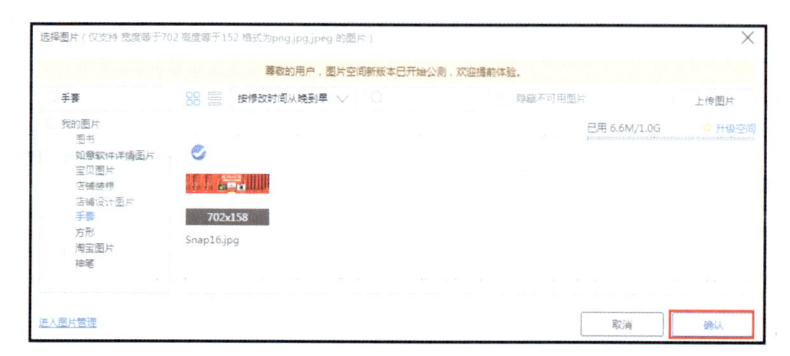

图 8-37　单击"确认"按钮

（6）裁剪图片尺寸，根据需要裁剪为合适的宽和高，如图 8-38 所示。

图 8-38　裁剪图片尺寸

（7）单击"保存"按钮，图片上传成功，在"链接"处输入客户单击图片后将要跳转到的页面的链接，如图 8-39 所示。单击"发布"按钮即可上传成功。

图 8-39　上传图片成功

8.3.5　鹿班智能货架添加商品

鹿班智能货架可以解决店铺组货、陈列问题，让店铺轻装上阵，轻松挣钱。智能货架除了有智能组货、陈列功能，还有营销功能。鹿班智能货架添加商品具体的操作步骤如下。

（1）进入"淘宝旺铺"|"店铺装修"页面，在容器页面中，选择"宝贝类"|"鹿班智能货架"容器，按住鼠标左键将"鹿班智能货架"容器拖到首页相应位置，如图 8-40 所示。

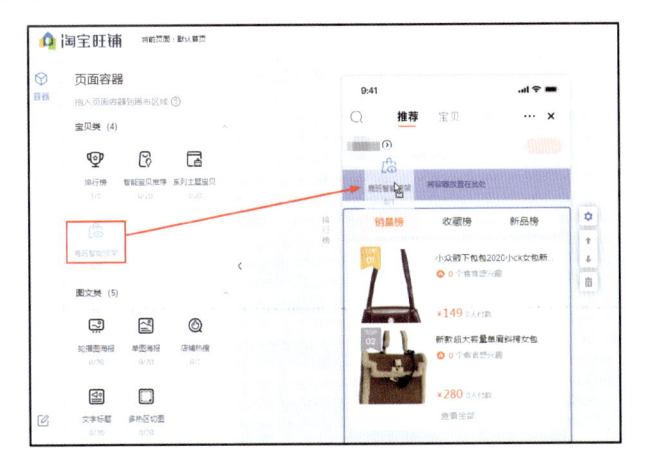

图 8-40　将"鹿班智能货架"容器拖到首页相应位置

177

（2）松开鼠标左键，"鹿班智能货架"容器拖动成功，在"鹿班智能货架"容器中单击"添加模块内容"按钮，如图8-41所示。

图8-41　单击"添加模块内容"按钮

（3）进入"选择模块/鹿班智能货架"页面，如果已经有建好的模块，则单击模块后的"编辑"按钮，如图8-42所示。

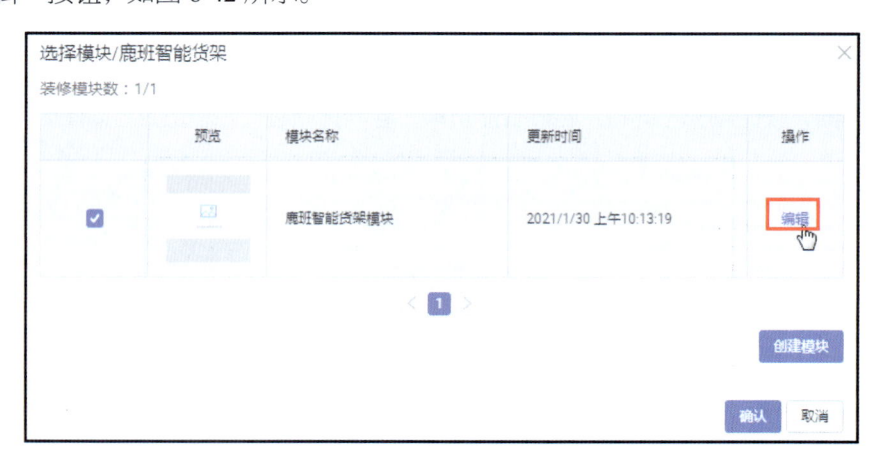

图8-42　单击"编辑"按钮

（4）进入"鹿班智能货架"|"模块基础信息"页面，将"模块名称"设置为"推荐商品"，在"样式装修"下单击"去鹿班选择"按钮，如图8-43所示。

图 8-43 "鹿班智能货架"的设置

（5）进入"鹿班智能货架"样式选择页面，选择一个适合自己店铺的样式，如图 8-44 所示。

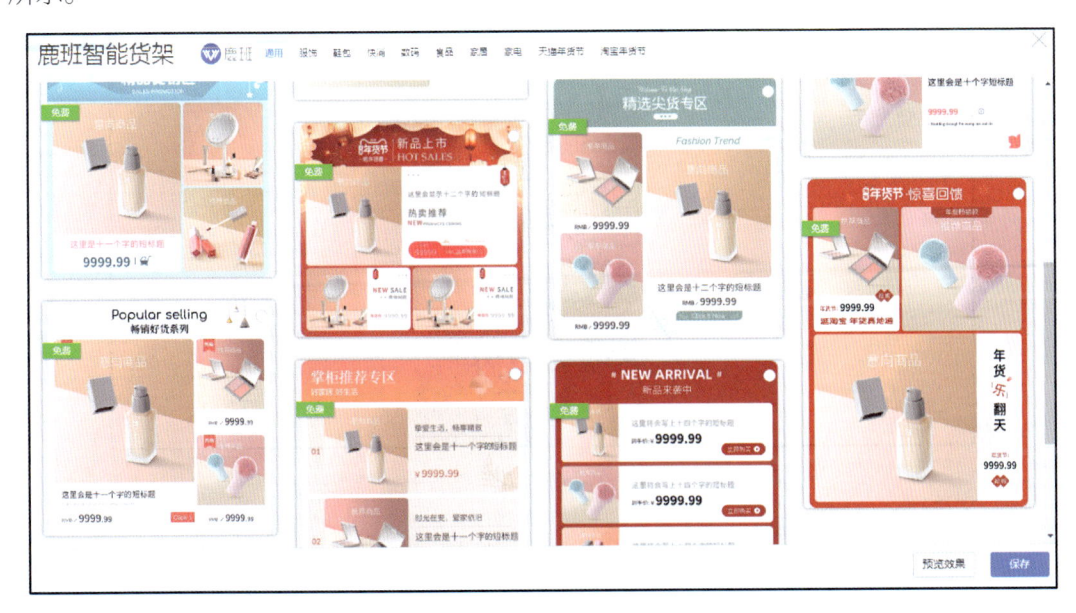

图 8-44 选择样式

（6）选择一个样式后，单击"预览效果"按钮可以看到效果，如图 8-45 所示。

（7）完成后的效果如图 8-46 所示，单击"保存并发布"按钮。

图 8-45 预览效果

图 8-46 完成后的效果

（8）在首页添加"鹿班智能货架"容器后的效果如图 8-47 所示。

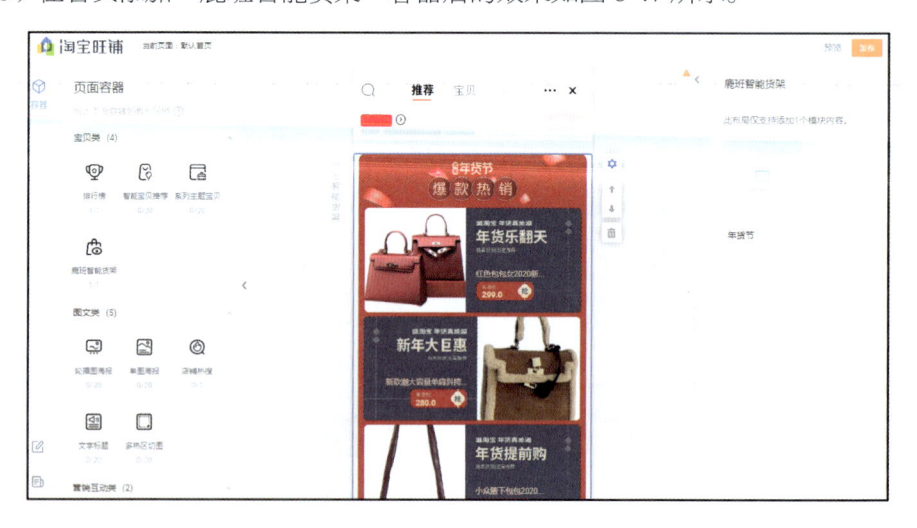

图 8-47 在首页添加"鹿班智能货架"容器后的效果

8.3.6 鹿班一键全店智能装修

鹿班智能模板是一款集店铺装修和运营于一体的工具，能够有效地帮助商家装修店铺。鹿班一键全店智能装修不仅可以大大提升店铺的装修效率，还能够分人群精准展现，提升店铺的转化率，让店铺页面装修不仅具有高颜值，并且千人千面，是众多商家得力的装修工具。

鹿班一键全店智能装修具体的操作步骤如下。

（1）打开鹿班智能装修官网，进入智能模板装修页面，单击"立即试用，一键全店装修"按钮，如图 8-48 所示。

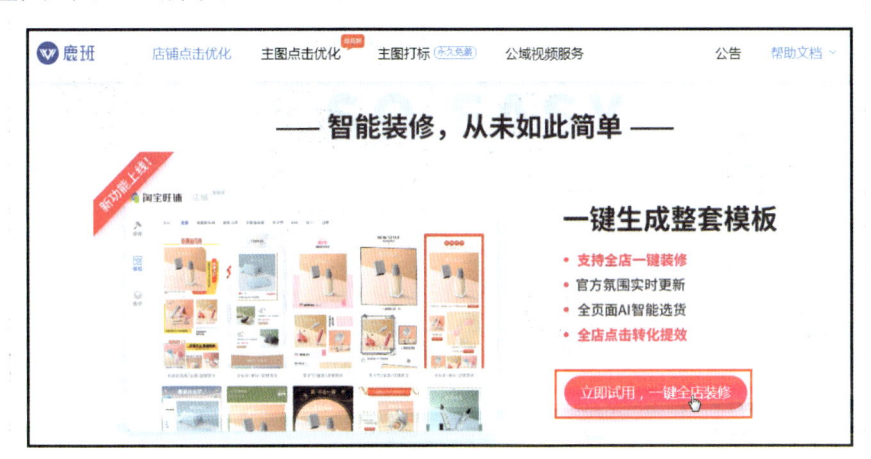

图 8-48 单击"立即试用，一键全店装修"按钮

（2）选择想要的标签后，单击"一键试用"按钮，如图 8-49 所示。

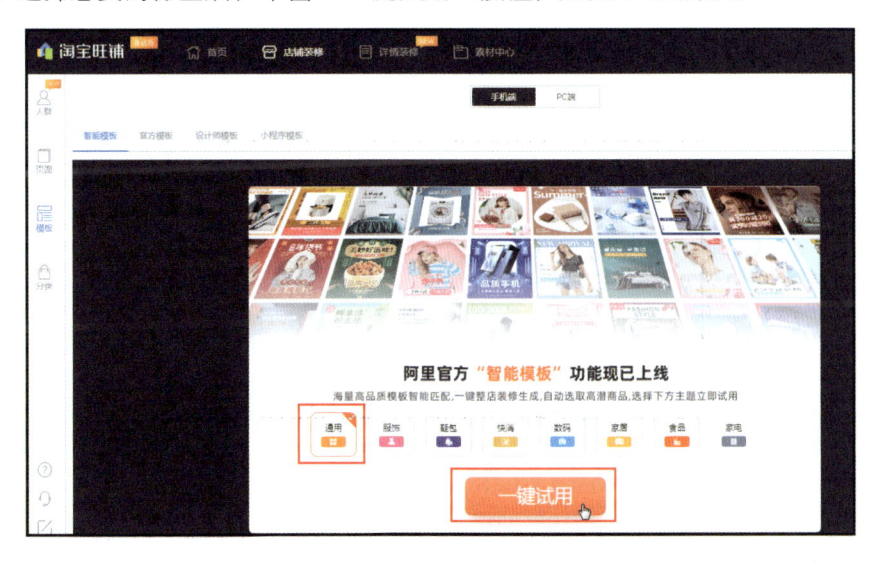

图 8-49 单击"一键试用"按钮

（3）选择适合自己店铺的模板，单击"预览"按钮可以看到使用该模板的实际店铺效果，单击"立即使用"按钮即可使用该套模板，如图 8-50 所示。

图 8-50　选择适合自己店铺的模板

（4）选择该套模板投放的页面，如图 8-51 所示。

图 8-51　选择该套模板投放的页面

（5）单击"立即查看"按钮可以在旺铺后台编辑模板和发布页面，如图 8-52 所示。

（6）在投放页面的旺铺编辑后台可以看到应用模板后的效果，单击想要修改的模块，右边会出现一个选项卡，单击"智能作图"按钮，如图 8-53 所示。

图 8-52 单击"立即查看"按钮

图 8-53 单击"智能作图"按钮

（7）此时可以编辑模板中的文字和修改投放商品，编辑完想要修改的内容后，最后单击"保存"按钮，如图 8-54 所示。

（8）上述操作完成后就可以发布，发布后的移动端店铺首页如图 8-55 所示。

电商多平台美工实战
淘宝、京东、拼多多

图 8-54　单击"保存"按钮

图 8-55　移动端店铺首页

8.4 练习题

1. 填空题

（1）_____在装修时可以添加店铺介绍、店铺故事、发货通知等，通过店铺印象客户可以更直接、更好地了解店铺的特色及店铺形象，同时为客户提供一定的参考，帮助客户做出购物决策。

（2）_____的目的在于减少跳失率、增加转化率、增加访问深度。

（3）_____属于一种虚拟的电子券，商家可以在不用发放现金的情况下，针对不同的客户发放不同面额的淘宝店铺优惠券。

（4）在网店首页添加_____就是一个好的方法，设置了_____以后，老客户可以看到店铺的上新消息，如果客户有兴趣，自然会下单购买商品。

（5）_____是一款集网店装修和运营于一体的工具，能够有效地帮助商家装修店铺。

2. 简答题

（1）手机淘宝店铺页面在设计时需要注意哪几点？

（2）怎样进行店铺的基础设置？

（3）怎样在手机淘宝首页添加店铺热搜？

（4）怎样添加上新公告？

（5）怎样使用鹿班一键全店智能装修？

第 9 章

拼多多店铺装修实战

拼多多的发展速度非常快，其中最关键的是社交流量和电商产品的完美结合。拼多多最大的优势是"社交"功能，其"拼团"模式也具有强大的裂变引流效应。与其他平台一样，拼多多店铺也少不了装修环节，店铺装修可以帮助商家提升店铺转化率，通过精美的装修，提升店铺在客户中的认知度，让店铺在众多竞争者中脱颖而出。

知识导图

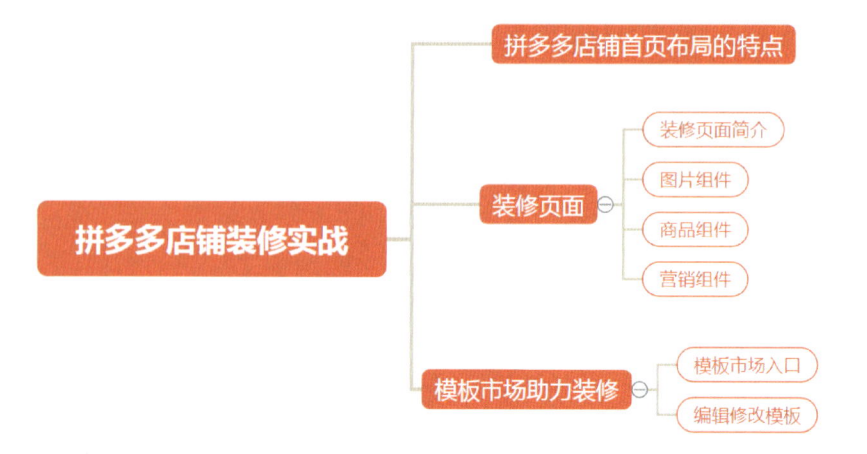

```
                              ┌─ 拼多多店铺首页布局的特点
                              │
                              │                  ┌─ 装修页面简介
                              │                  │
拼多多店铺装修实战 ───────────┼─ 装修页面 ──────┼─ 图片组件
                              │                  ├─ 商品组件
                              │                  └─ 营销组件
                              │
                              └─ 模板市场助力装修 ┬─ 模板市场入口
                                                  └─ 编辑修改模板
```

学习目标

- 掌握拼多多店铺首页布局的特点。

- 掌握装修页面不同组件的添加。
- 使用模板市场助力装修。

9.1 拼多多店铺首页布局的特点

有规划和风格独特的店铺首页装修，能给客户留下良好的印象，更容易增加客户信任感，从而吸引客户进一步下单购买。拼多多店铺首页布局的特点主要体现在以下几方面。

1. 顶部店铺信息

顶部店铺信息比较简洁，主要包括店标、店铺名称、评价、公告、分类查看等信息，还包括"关注"按钮和"客服"按钮，如图9-1所示。

图9-1 顶部店铺信息

客户如果对店铺感兴趣，则可以点击"关注"按钮。点击"客服"按钮可以打开聊天功能页面，便于客户与商家进行沟通，如图9-2所示。分类查看便于显示商品类别，客户可以通过类别搜索商品，如图9-3所示。

电商多平台美工实战
淘宝、京东、拼多多

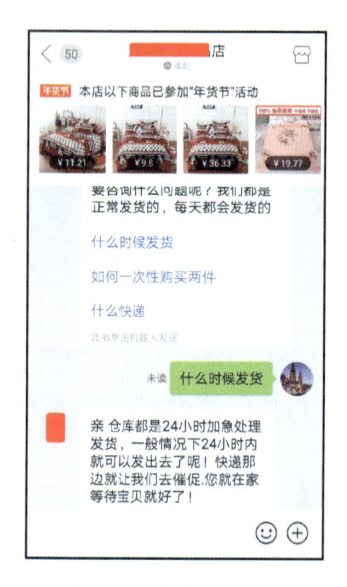

图 9-2 聊天功能页面　　　　　图 9-3 显示商品类别

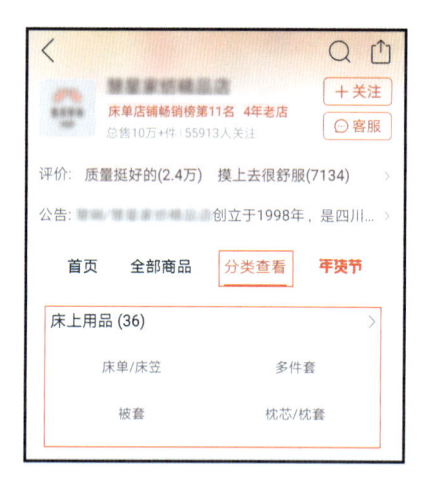

2. 形象风格区

形象风格区可以用海报或轮播图片展现，用来突出店铺的风格、商品主题、促销活动等，如图 9-4 所示。

图 9-4 形象风格区的海报

3. 商品区

在商品区，因为客户对商品的销量的关注度是最高的，销量多的商品更容易获得客户的信赖，所以商品区主要通过展示爆款热销商品来吸引客户购买。

在商品区添加爆款热销商品主要用来引流，如图 9-5 所示。这种商品的价格不太高，要把这款商品的利润控制在最低，甚至可以允许部分亏损，从而吸引客户进入店铺。但需要注意的是，一定要避免长期亏损，在推广的时候也一定要带动其他有利润的商品。

图 9-5 爆款热销商品

在商品区还可以添加店铺中有利润的商品，通过爆款热销商品引流带来的进店流量，可以拉动店铺有利润的商品的销售，这样就能提高有利润的商品的动销率。

4. 导流区

为了确保客户能够快速找到需要的商品，可以将商品划分为新品活动、掌柜推荐专区、折扣专区、更多商品等多个类别，如图 9-6 所示。

图 9-6　新品活动和掌柜推荐专区

9.2　装修页面

本节将介绍如何进入拼多多店铺装修页面，以及装修页面包含的组件。

9.2.1　装修页面简介

下面介绍如何进入店铺装修页面，以及装修页面简介。

（1）登录拼多多"商家后台"管理页面，单击"店铺营销"|"店铺装修"|"店铺首页"|"创建新页面"按钮，如图 9-7 所示。

（2）弹出"创建页面"对话框，输入要创建页面的名称，如图 9-8 所示。

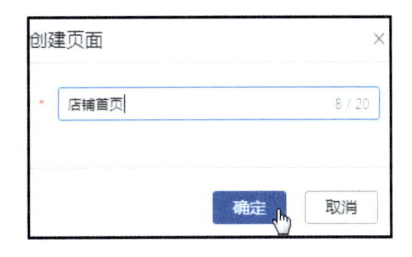

图 9-7　登录拼多多"商家后台"管理页面

图 9-8　输入要创建页面的名称

（3）进入拼多多"店铺装修"页面，此页面分为三部分，左侧是模板组件区，中间是装修画布区，右侧是组件编辑区，如图 9-9 所示[①]。

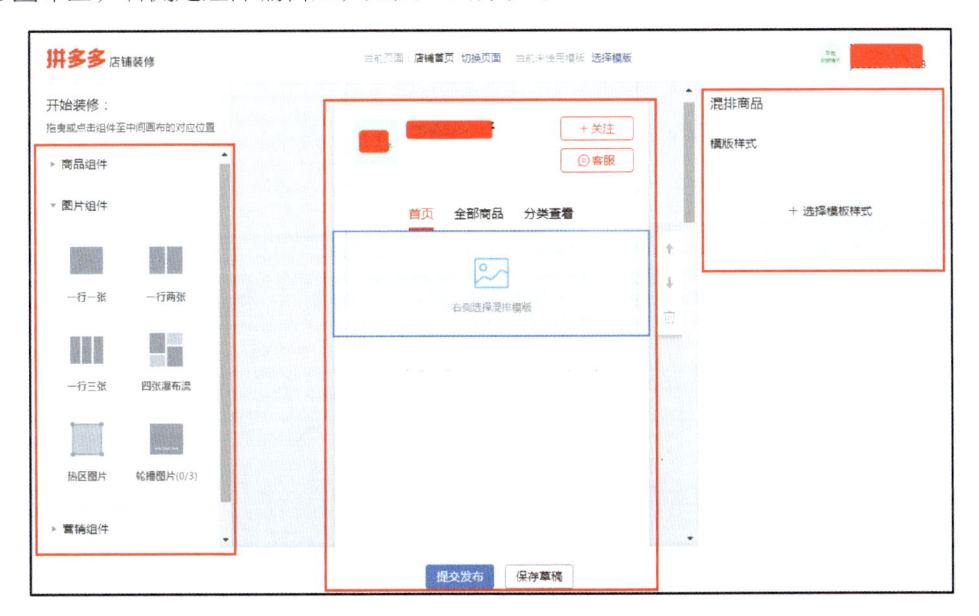

图 9-9　"店铺装修"页面

---

① 图中"模版"的正确写法应为"模板"。

- 模板组件区：包含商品组件、图片组件和营销组件。将对应的组件拖入装修画布区即可开始进行装修。
- 装修画布区：是放置模板组件的位置，编辑完成后可以在此处查看装修效果图，提交发布之后将会同步到店铺首页。
- 组件编辑区：可以上传图片、添加商品等，编辑完成后的效果图会在装修画布区展示。

9.2.2 图片组件

图片组件如图 9-10 所示，包括"一行一张""一行两张""一行三张""四张瀑布流""热区图片"和"轮播图片"等组件。

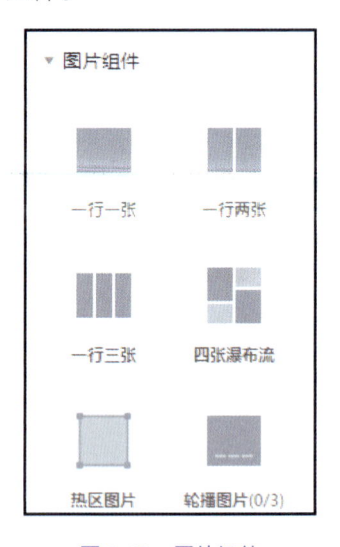

图 9-10 图片组件

1. 一行一张、一行两张、一行三张、四张瀑布流

这几个组件均可以上传图片，上传图片后，需要单击添加商品链接。下面以添加"一行一张"组件为例展开介绍。

（1）将"一行一张"组件拖入装修画布区，在组件编辑区中单击"上传图片"按钮，如图 9-11 所示。

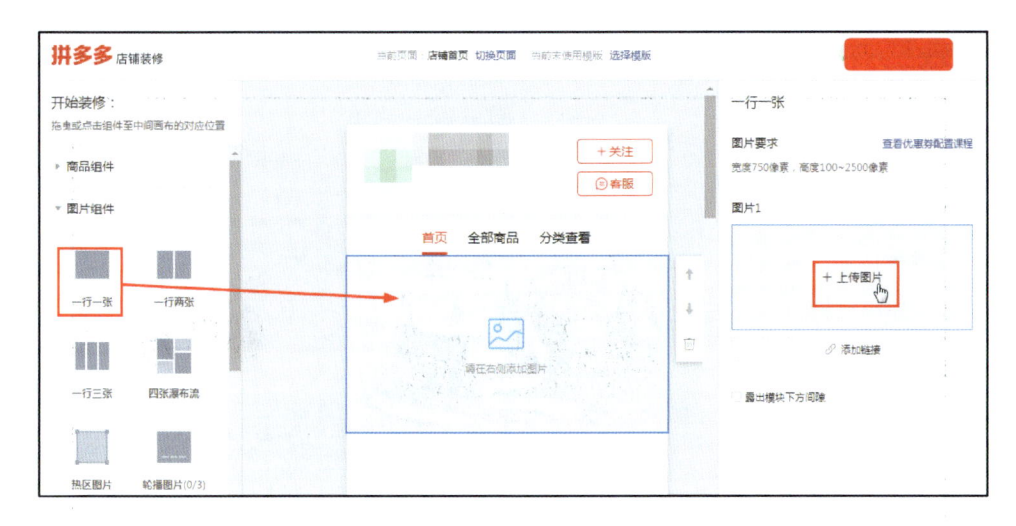

图 9-11　添加一行一张组件

（2）在弹出的"图片空间"对话框中选择要添加的图片，如图 9-12 所示。

图 9-12　选择要添加的图片

（3）图片添加完成后的效果如图 9-13 所示。

2. 热区图片

将"热区图片"组件拖入装修画布区，在组件编辑区上传图片后，可以将图片的某一块区域圈定为点击热区,并添加热区链接,如图 9-14 所示。

图 9-13 图片添加完成后的效果

图 9-14 添加热区图片

3. 轮播图片

轮播图片最多可以添加 4 幅图片进行轮播展示。单击轮播图片可以跳转到商品详情页或专题首页。轮播图片可以用于推荐店铺的热门商品和活动商品,从而有效提高商品的曝光率。

设置轮播图片具体的操作步骤如下。

第 9 章
拼多多店铺装修实战

（1）在图片模板中找到"轮播图片"组件，并拖至装修画布区，选中组件在组件编辑区进行编辑，如图 9-15 所示。

图 9-15　添加"轮播图片"组件

（2）单击"上传图片"按钮，弹出"图片空间"对话框，单击"本地上传"按钮可以上传本地图片，如图 9-16 所示。

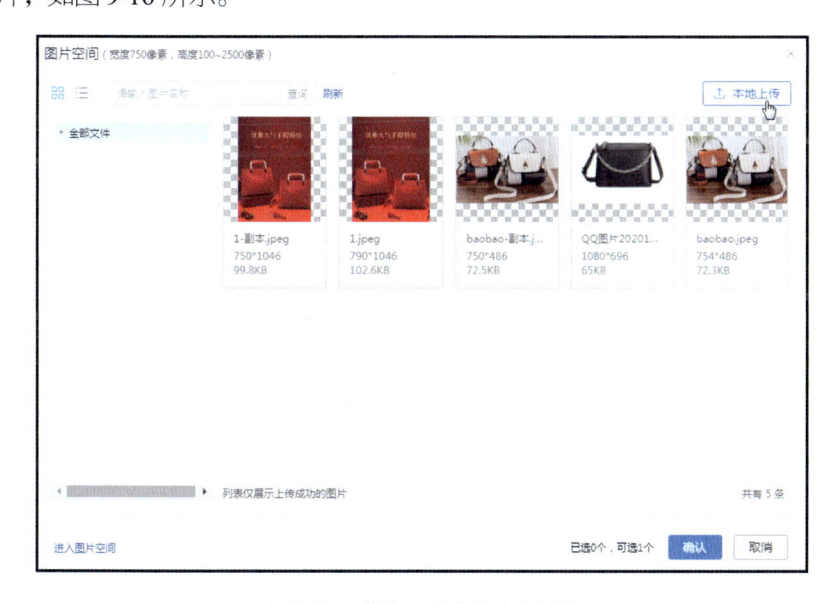

图 9-16　单击"本地上传"按钮

195

（3）本地图片上传成功后，图片将出现在"图片空间"对话框中，如图9-17所示。

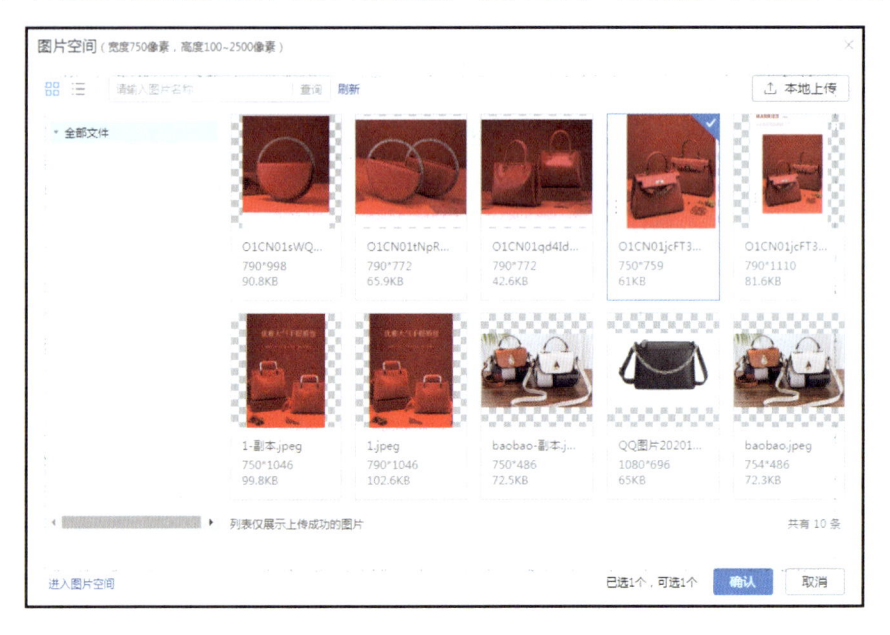

图9-17　图片上传成功

（4）单击上传的图片，若图片尺寸不符合要求，就会弹出"裁剪"对话框，尺寸符合要求或裁剪完成后，选中要上传的图片，单击"确认"按钮，如图9-18所示。

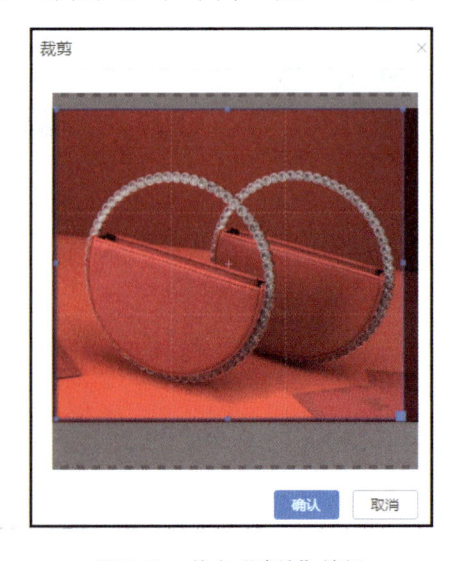

图9-18　单击"确认"按钮

（5）图片添加完成后，可以添加需要放置的商品链接、专题链接和分类商品，如图 9-19 所示。

图 9-19　添加链接

（6）添加轮播图片后的效果如图 9-20 所示，最后单击"提交发布"按钮即可。

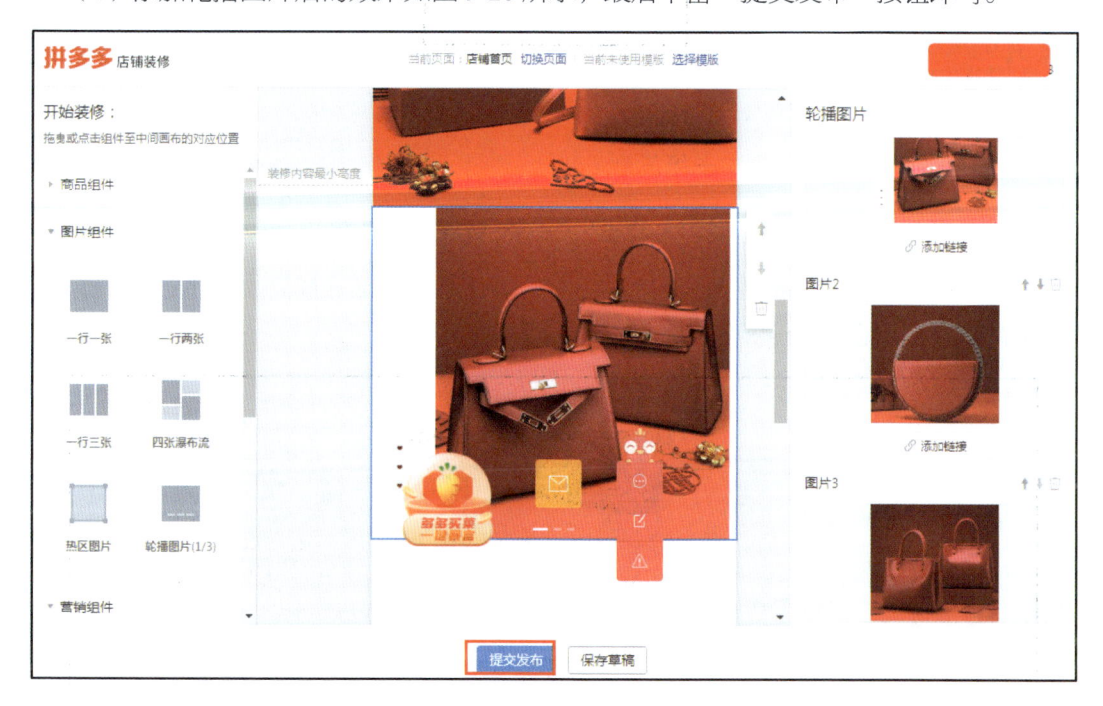

图 9-20　添加轮播图片后的效果

9.2.3　商品组件

商品组件如图 9-21 所示，包括"混排商品""智能商品""一行一列""一行两列""一行三列""分类商品"和"商品榜单"等组件。

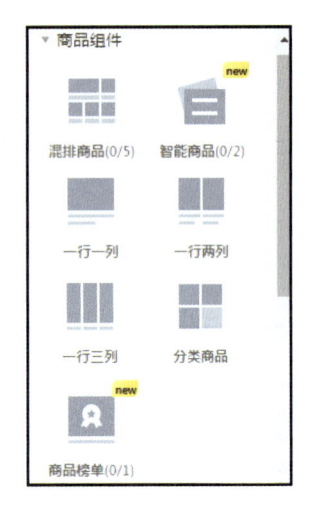

图 9-21　商品组件

1．一行一列、一行两列、一行三列

这 3 种组件的设置方法相似，下面以"一行一列"组件为例进行说明。

（1）将"一行一列"组件拖入装修画布区，在组件编辑区选择商品组件后，单击"选择商品"按钮，如图 9-22 所示。

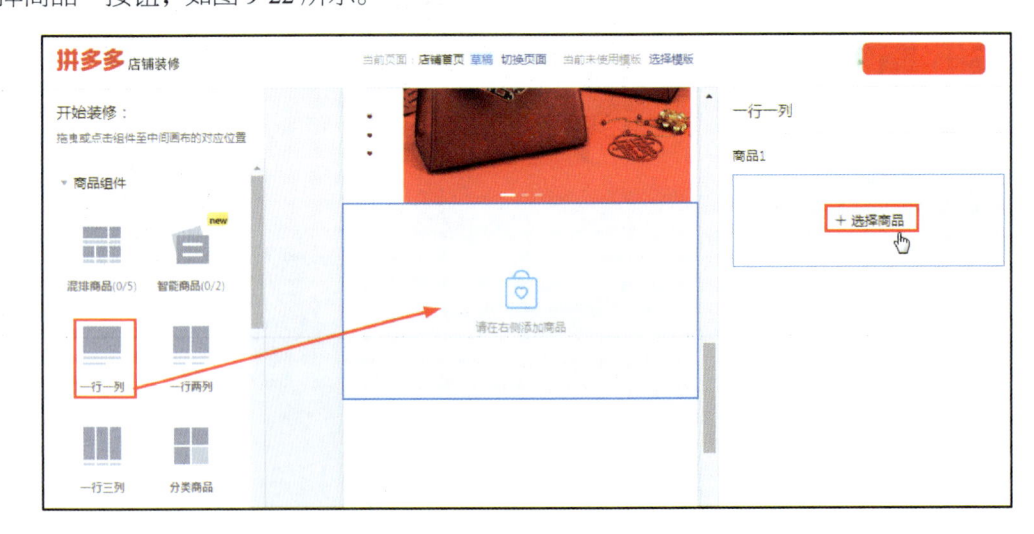

图 9-22　添加"一行一列"组件

（2）弹出"选择商品"对话框，选择要添加的商品，如图 9-23 所示。

图 9-23　选择要添加的商品

（3）添加完成后的效果如图 9-24 所示。

图 9-24　添加完成后的效果

2. 智能商品

如图 9-25 所示，添加"智能商品"组件后，无须选择商品，选择商品池后，系统将千人千面地推荐给客户。当商品不足以达到推荐商品数量门槛时，无法使用该组件。可选择的商品有爆款推荐（近 7 天内累计成团销量 top 商品）和新品推荐（近 3 天内上架的商品）。

电商多平台美工实战
淘宝、京东、拼多多

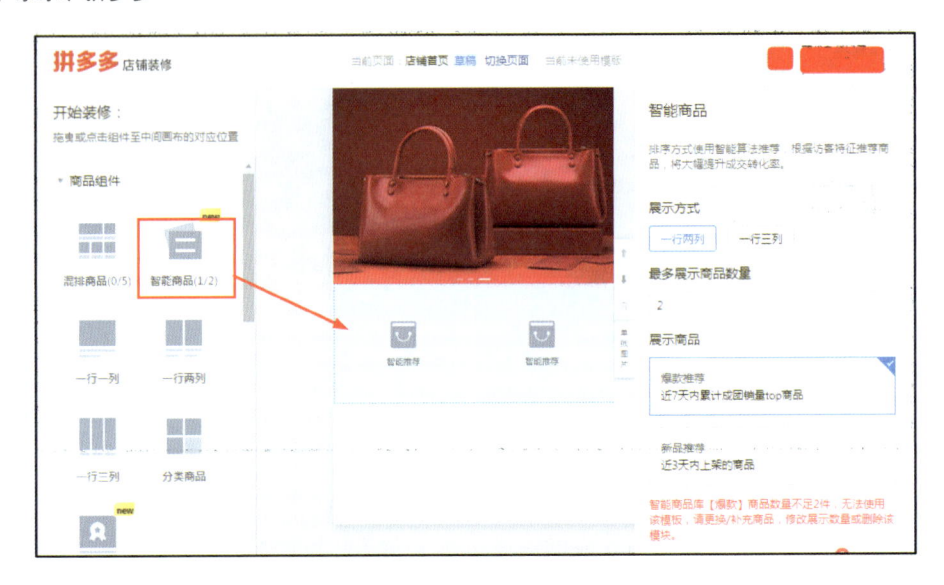

图 9-25 添加"智能商品"组件

3. 分类商品

分类商品可以直接显示分类的商品，需要先进入"店铺装修"|"分类商品"页面进行分类设置。

（1）将"分类商品"组件拖入装修画布区，在"分类商品"组件中设置最多展示商品数量、展示分类和排序规则，如图 9-26 所示。

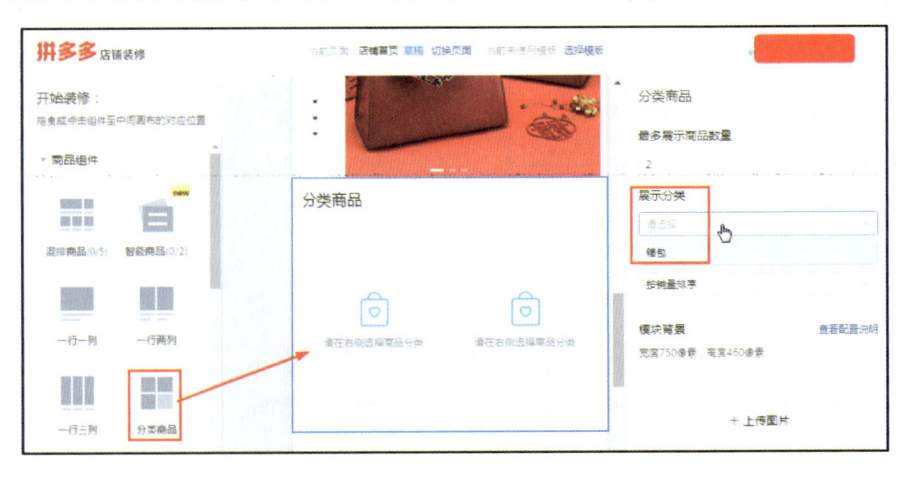

图 9-26 添加"分类商品"组件

（2）从"展示分类"下拉列表中选择类型"箱包"选项，之后将显示分类商品，如图 9-27 所示。

图 9-27　显示分类商品

4．混排商品

商家可以通过"混排商品"组件展示店铺的主推商品或新上架的商品，添加混排商品具体的操作步骤如下。

（1）将鼠标光标放置在"混排商品"组件上，拖至装修画布区，组件放置在画布区后，单击该组件，右侧会出现组件编辑区，单击"选择模板样式"按钮，如图 9-28 所示。

图 9-28　添加"混排商品"组件

（2）弹出"混排商品样式"对话框，选择一个模板，单击"确定"按钮，如图 9-29 所示。

电商多平台美工实战
淘宝、京东、拼多多

图 9-29　选择混排商品样式模板

（3）添加商品和文本，既可以选择千人千面展示，也可以自定义添加商品，如图 9-30 所示。

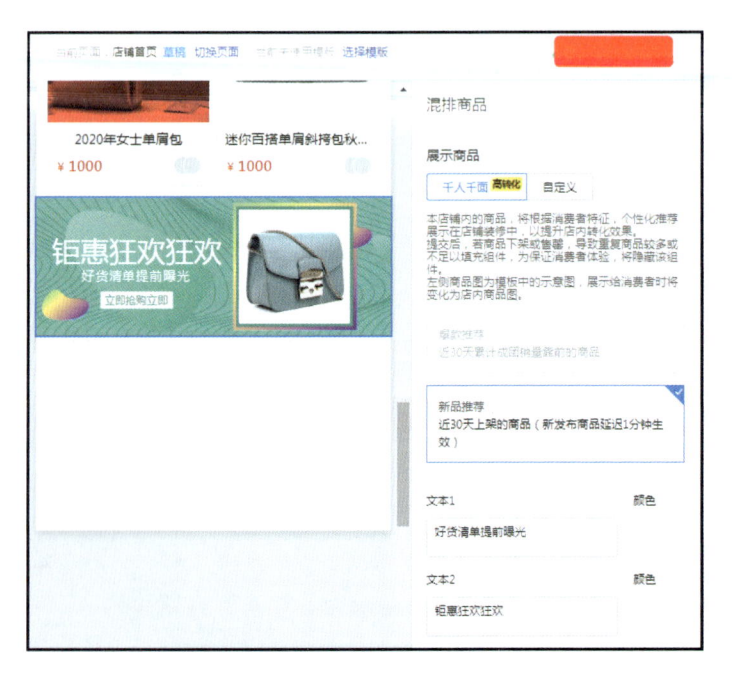

图 9-30　添加商品和文本

（4）提交发布完成后，审核通过之后即可在客户端店铺首页展示。

9.2.4 营销组件

营销组件如图 9-31 所示，包括"买家晒图""限时限量""断码清仓""百亿补贴""秒杀商品"和"领券中心"等组件。

图 9-31 营销组件

下面以添加"限时限量"组件为例展开介绍。将"限时限量"组件拖入装修画布区，如图 9-32 所示。设置完"限时限量"组件后即可添加商品。

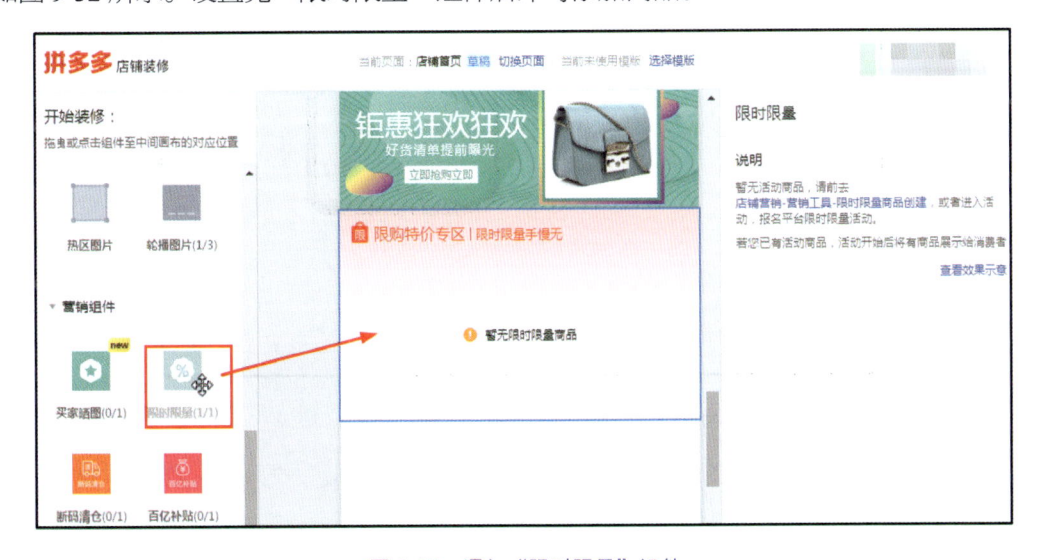

图 9-32 添加"限时限量"组件

9.3 模板市场助力装修

为了帮助商家装修店铺页面，留住进入店铺的每位客户，同时降低店铺装修的操作门槛，拼多多平台为商家提供了"一键精美装修"服务。

9.3.1 模板市场入口

拼多多官方打造的店铺装修模板市场，可以让不懂设计的商家也能装修，可以通过以下几种方式进入模板市场。

1. 通过商家服务市场

（1）登录商家后台，单击"商家服务市场"|"服务市场"链接，如图9-33所示。

图9-33 单击"商家服务市场"|"服务市场"链接

（2）进入拼多多"服务市场"页面，单击"店铺装修模板"选项卡，如图9-34所示。

（3）进入"店铺装修模板"页面，在模板列表页可以查看到全类目模板，可以通过"主营类目""风格""主题"和"色系"等筛选合适的类目，如图 9-35 所示。也可以在

"服务市场"页面的搜索栏通过直接搜索销售商品的关键词来找到合适的模板。

图 9-34　单击"店铺装修模板"选项卡

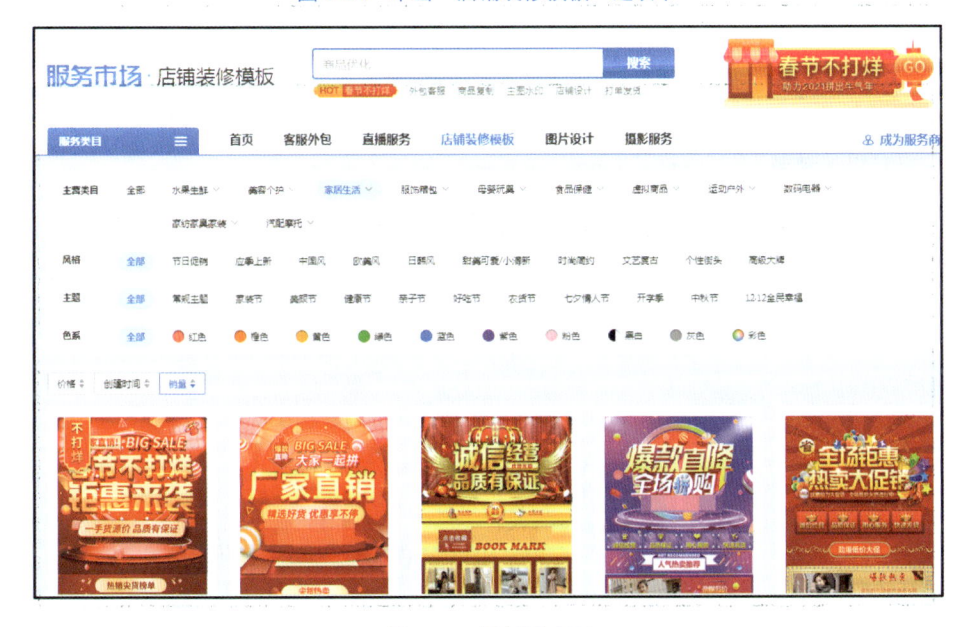

图 9-35　模板列表页

（4）选择合适的模板，浏览模板详情，选择使用周期，单击"立即订购"按钮即可，如图 9-36 所示。

（5）进入"服务市场"|"已购服务"页面可以看到所订购的服务，单击"去使用"按钮，如图 9-37 所示。

▶电商多平台美工实战
淘宝、京东、拼多多

图 9-36　单击"立即订购"按钮

图 9-37　单击"去使用"按钮

2．通过模板市场

（1）登录"商家后台"管理页面，选择"店铺营销"|"店铺装修"|"模板市场"命令，如图 9-38 所示。

206

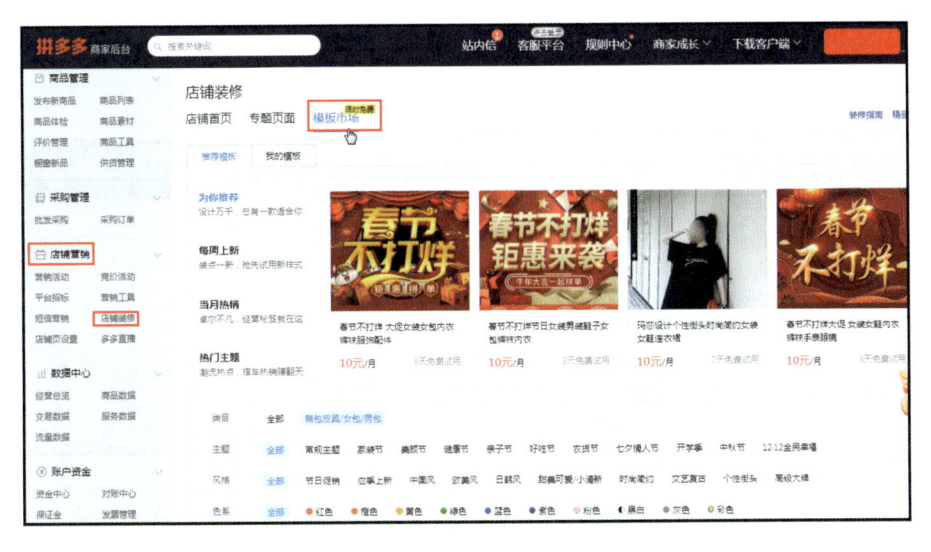

图9-38 选择"模板市场"命令

（2）推荐模板页提供了海量精选模板，模板默认按商家的主营类目展示，商家可以根据商品类目进行筛选。可以通过"类目""主题""风格"和"色系"筛选适合店铺商品的模板，单击"立即订购"按钮将进入模板详情页面，然后就可以下单使用，如图9-39所示。

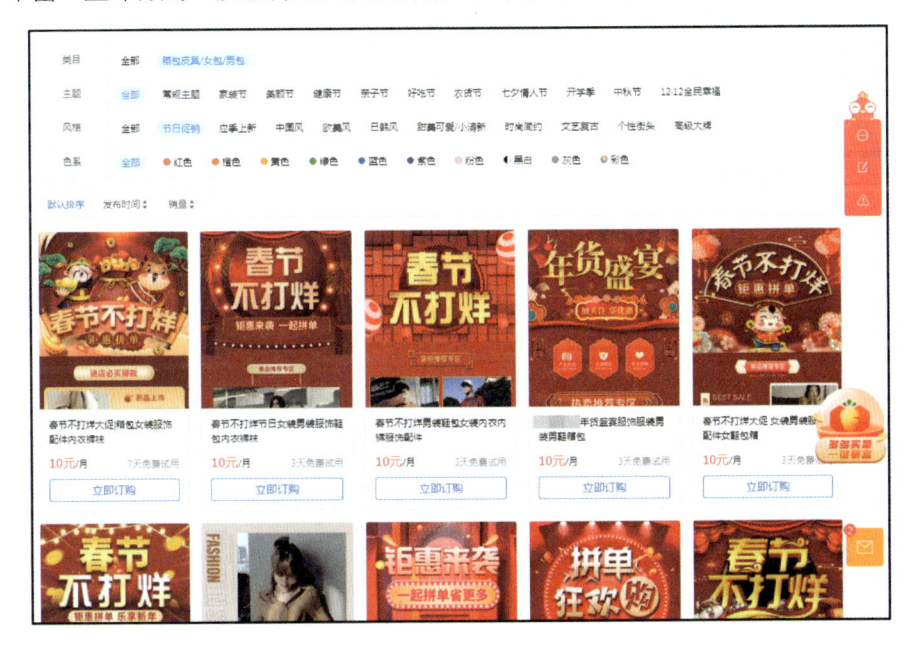

图9-39 选择订购模板

（3）商家已购买的模板将展示在"我的模板"界面中，可以看到店铺已订购的模板，如图 9-40 所示。

图 9-40　店铺已订购的模板

9.3.2　编辑修改模板

装修美观的店铺能吸引更多客户浏览、下单成交。如果商家没有学过设计，不会装修店铺，则可以使用拼多多平台提供的模板，无须聘请设计师，从而更加便捷、高效地实现店铺装修。

（1）接 9.3.1 节，模板下单完成后，单击"使用"按钮，模板将自动展示在装修编辑页面中，商家即可进行选择展示商品、更改文案等编辑装修内容的操作，如图 9-41 所示。

（2）选中中间的组件后，在右侧编辑内容，可以选择商品。在选择商品后，商品价格、商品标题等信息将由系统自动读取，如图 9-42 所示。

（3）将装修中的每个模块按照上述步骤编辑完成后，单击下方的"提交发布"按钮，模板中的装修内容即可生效。

第 9 章
拼多多店铺装修实战

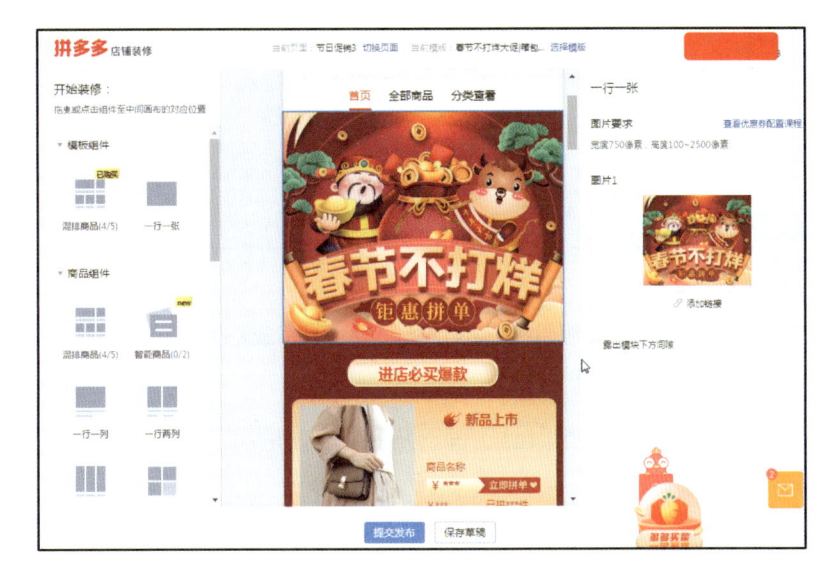

图 9-41　使用模板

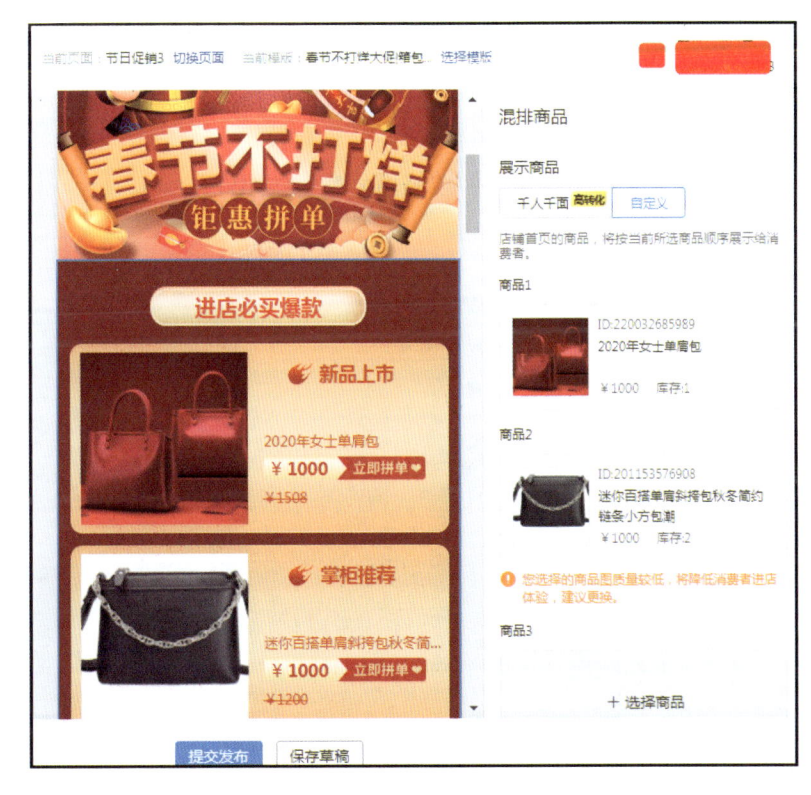

图 9-42　选择编辑商品

9.4 练习题

1. 填空题

（1）模板组件区包含_____、_____、_____。将对应的组件拖入装修画布区即可开始进行装修。

（2）_____是模板组件放置的位置，编辑完成后可在此处查看装修效果图，提交发布后将会同步到店铺首页。

（3）_____可以用于推荐自己店铺的热门商品和活动商品，可以有效提高商品的曝光率。

（4）拼多多平台为商家提供了"一键精美装修"服务。商家可以通过在_____中订购的模板更精致、更便捷地装修店铺。

2. 简答题

（1）拼多多店铺首页装修布局有哪些特点？

（2）如何进入拼多多店铺装修页面？装修页面有哪些组件？

（3）如何设置拼多多店铺的轮播图片？

（4）如何进入拼多多模板市场？

第 10 章

京东店铺装修实战

京东开放平台为商家提供从入驻开店到商品销售、售后服务、物流配送等一系列服务。京东开放平台覆盖服装、服饰、图书、家具装修、家电、3C 等商品。已经成功开店的京东商家，要做的第一件事就是做好京东店铺装修。不管是实体店还是网店都需要进行装修，让客户进入店铺之后有舒适的感觉。本章将介绍京东店铺装修实战。

知识导图

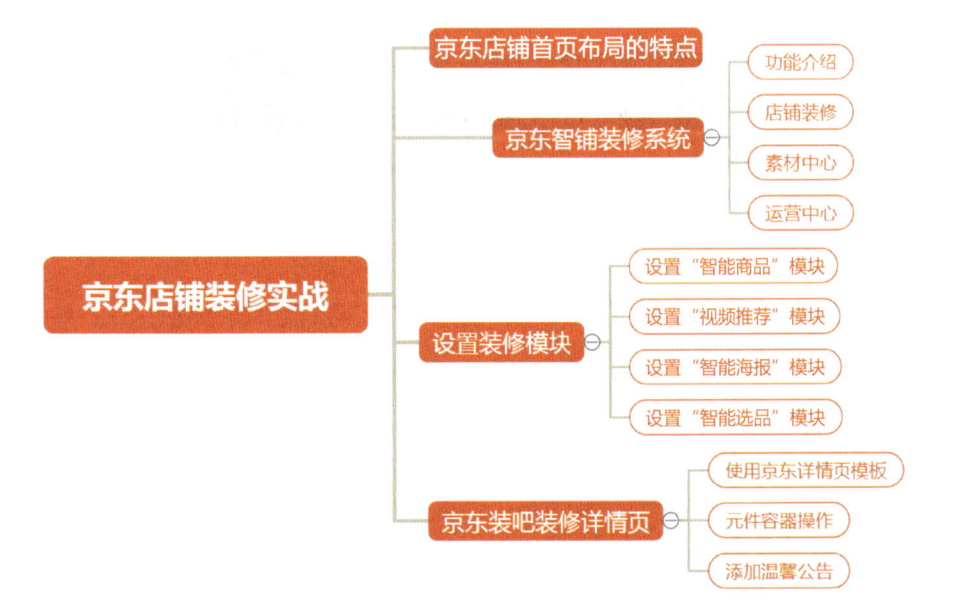

```
                          ┌─ 京东店铺首页布局的特点
                          │                       ┌─ 功能介绍
                          │                       ├─ 店铺装修
                          ├─ 京东智铺装修系统 ─────┤
                          │                       ├─ 素材中心
                          │                       └─ 运营中心
                          │                       ┌─ 设置"智能商品"模块
京东店铺装修实战 ─────────┤                       ├─ 设置"视频推荐"模块
                          ├─ 设置装修模块 ────────┤
                          │                       ├─ 设置"智能海报"模块
                          │                       └─ 设置"智能选品"模块
                          │                       ┌─ 使用京东详情页模板
                          └─ 京东装吧装修详情页 ──┼─ 元件容器操作
                                                  └─ 添加温馨公告
```

电商多平台美工实战
淘宝、京东、拼多多

学习目标

- 掌握京东店铺首页布局的特点。
- 掌握京东智铺装修系统。
- 掌握装修模块的设置。
- 掌握京东装吧装修详情页。

10.1 京东店铺首页布局的特点

店铺装修是每个京东商家开通店铺之后首先要做的一件事。在装修店铺之前，需要先了解京东店铺首页布局的特点。目前主流的京东店铺首页设计从上往下一般依次是搜索框、店标与导航栏、轮播图片、促销活动商品、商品展示区和底部导航。

1．搜索框

在一般情况下，客户的目标商品很明确。在找不到目标商品的情况下，客户可以在店铺首页的搜索框中搜索。首页顶部的搜索框如图 10-1 所示。

图 10-1 首页顶部的搜索框

2．店标与导航栏

店铺首页顶部的店标与导航栏主要显示店铺标志、店铺名称和导航栏目，导航栏目一般包括"精选""商品""活动""上新"和"买家秀"等，如图 10-2 所示。

3．轮播图片

轮播图片在各大电商平台的店铺首页上广泛应用，在首页最重要的位置可以展示多页促销商品。轮播图片要能够吸引客户的眼光，并促使客户单击进入商品详情页。某店铺首页中的轮播图片如图 10-3 所示。

第 10 章
京东店铺装修实战

图 10-2　店标与导航栏

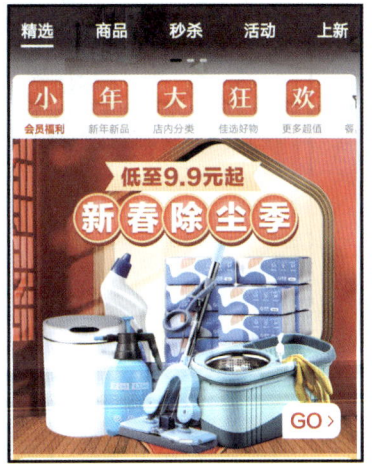

图 10-3　某店铺首页中的轮播图片

4．促销活动商品

在网上开店想要获得更高的流量和更大的利润，商品促销活动是必不可少的。促销活动主要还是靠店铺的爆款商品，通过爆款商品来引爆促销活动。某店铺的促销活动商品如图 10-4 所示。

5．商品展示区

商品展示区是店铺首页的核心内容区域，依托科学的商品展示设计，有利于店铺流量汇聚和引导转化，提升店铺的转化率。利用运营手段为客户制造场景，引导客户发现需求，按照客户浏览信息的常规习惯和心理变化过程进行布局。商品展示的相关信息包括商品图片、商品价格和成交记录等。只有把商品的特性展示出来，才能让客户了解到商品的真实价值。另外，还要考虑客户的习惯，然后结合商品自身的特点，这样才能展示好商品。某店铺的商品展示区如图 10-5 所示。

电商多平台美工实战
淘宝、京东、拼多多

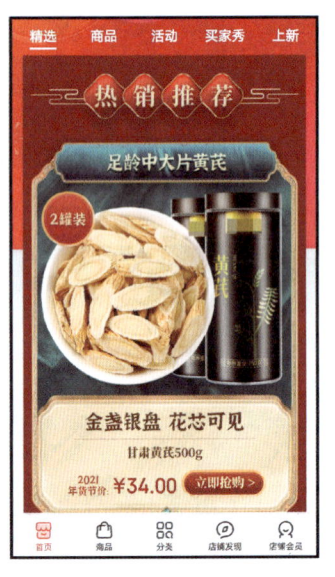

图 10-4　某店铺的促销活动商品

图 10-5　某店铺的商品展示区

6．底部导航

底部导航主要显示店铺的导航栏目，常见的导航包括"首页""商品""分类""店铺发现"和"联系客服"。

10.2 京东智铺装修系统

京东智铺装修系统以打造更好用的装修系统为服务宗旨，以移动端店铺装修为中心，为京东商家提供智能化的店铺、店铺二级页、商品详情页装修解决方案。

10.2.1 功能介绍

登录商家账号进入京东智铺装修后台，然后进入京东智铺装修管理页面，该页面集合了移动端店铺首页、移动端店铺二级页、电脑端店铺首页及电脑端店铺二级页的装修和管理，主要分为 3 个区域，即左侧的工具栏、顶部的导航栏和中间的列表区，如图 10-6 所示。

图 10-6　京东智铺装修管理页面

1．工具栏

可以在工具栏中对各个页面、模板进行查看及管理，在这里也可以定时发布网页。

2．导航栏

导航栏包括如下栏目。

（1）店铺装修：可以装修和管理店铺首页、店铺二级页，支持移动端和电脑端。

（2）详情装修：可以用来编辑商品详情页，为商品详情页添加丰富多彩的图文介绍。

（3）素材中心：可以用来查看、管理装修过程中可用的图片和视频。轻松实现在线管理和编辑素材，提高工作效率。

（4）运营中心：通过运营中心可以对商品组和广告组进行统一管理，并支持多次复用，可以一次性录入多批次的数据，各批次的数据可以设置定时切换。

（5）数据中心：可以全方位查看店铺、商品的运营数据，包含流量分析、销售分析和行业分析等。

（6）帮助中心：如果遇到问题可以在帮助中心查找，支持目录查询和搜索查询两种方式。

3. 列表区

列表区包括店铺首页、店铺二级页、自定义页，不仅可以切换电脑端/移动端查看不同端口的页面列表，还可以对页面进行操作。

10.2.2 店铺装修

店铺装修承担了移动端店铺首页、移动端店铺二级页、电脑端店铺首页及电脑端店铺二级页的装修和管理，如图10-7所示。

图10-7 店铺装修

- 左侧的工具栏可以切换到"页面""模板"和"定时发布"的管理界面，支持对装修页面和模板进行查看、管理与使用。
- 通过上方的"移动端/电脑端"切换按钮可以切换端口。
- 单击右上方的"店铺信息设置"按钮不仅可以获取店铺地址还可以设置店铺信息。

1．页面

1）店铺首页

可以查看店铺列表页，以及单个店铺页面的名称、更新时间、状态。单击"装修页面"按钮跳转到"店铺装修"页面，鼠标光标悬停在"更多操作"下拉按钮上时会显示下拉菜单，可以对该页面进行复制、编辑、删除和推广，如图10-8所示。

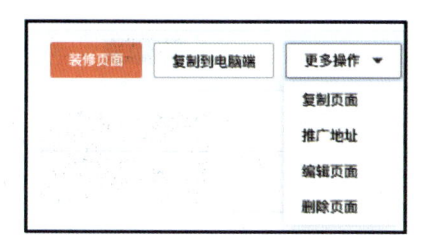

图10-8　更多操作

2）店铺二级页

- 可以根据店铺关键词等元素搜索店铺二级页列表。
- 可以查看店铺二级页列表，以及单个店铺二级页面ID、页面名称、开始时间和状态。
- 单击"装修页面"按钮跳转到"店铺二级页"装修界面，鼠标光标悬停在"更多操作"下拉按钮上时会显示下拉菜单，可以对该子页面进行复制、编辑、删除，如图10-9所示。

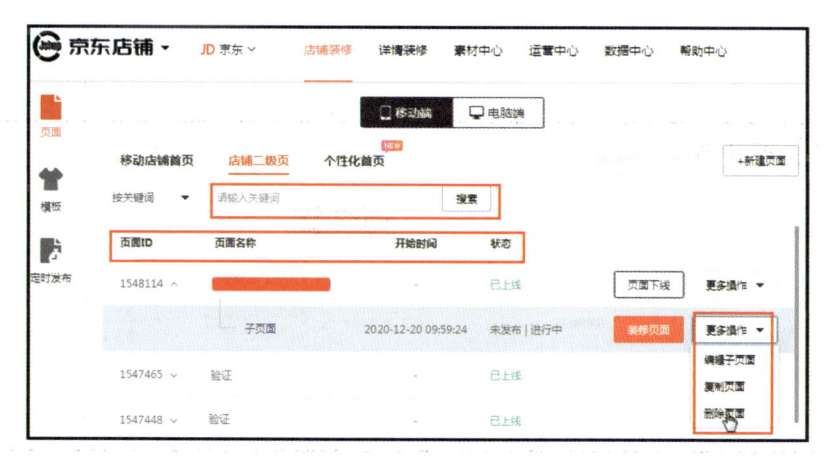

图10-9　店铺二级页

2．模板

在"模板"页面中可以通过购买店铺模板来装修店铺，单击右上角的"选购更多模板"按钮可以跳转到模板市场购买模板，如图 10-10 所示。可以查看模板列表，以及模板的名称、价格。可以预览使用场景，使用模板新建店铺页。

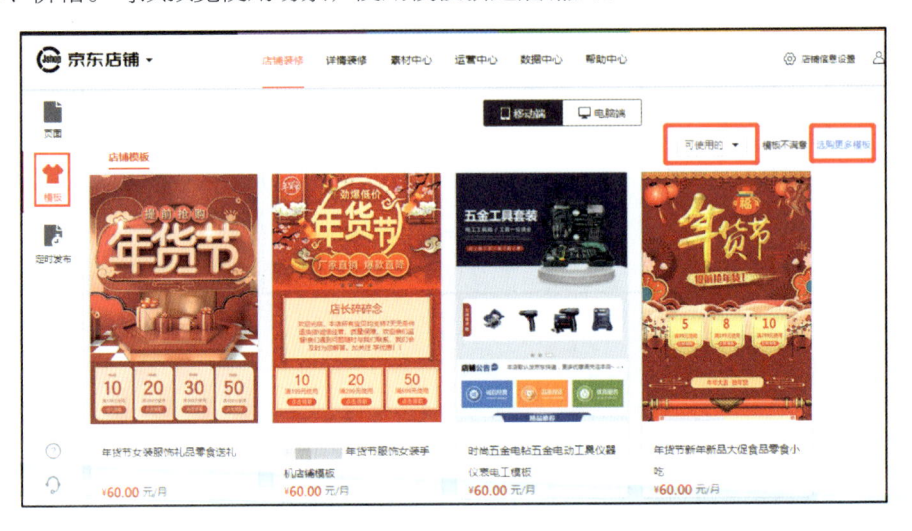

图 10-10　购买模板

3．定时发布

在"定时发布"页面中可以查看定时发布列表页，以及单个定时发布页面的 ID、页面名称、定时发布时间和状态，在某个列表页后单击"取消发布"按钮即可取消定时发布，如图 10-11 所示。

图 10-11　"定时发布"页面

4．店铺基本信息设置

在"店铺信息设置"对话框中可以获取移动端和电脑端的店铺链接，设置店铺分享。在移动端设置可以显示店铺名称、M页地址、App地址、店铺二维码，如图10-12所示[①]。

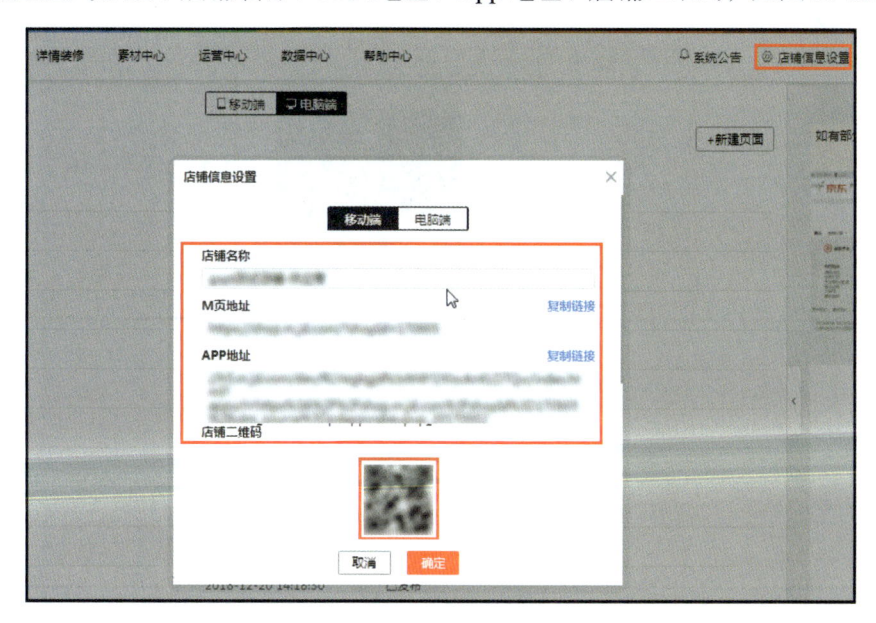

图 10-12　店铺基本信息设置

10.2.3　素材中心

在"素材中心"页面可以对视频、图片进行统一的管理，轻松实现图片的在线编辑与裁剪，提高素材的编辑效率。

1．视频

在"素材中心"|"店铺视频"页面中，可以上传和编辑视频，如图10-13所示。

（1）单击右上角的"上传视频"按钮可以选择上传的视频文件。

（2）可以查看店铺视频列表，以及视频的名称、时长、封面图、审核状态等信息。

---

① 图中"APP"的正确写法应为"App"

(3)既可以根据视频状态搜索视频，也可以根据视频文件名称搜索视频。

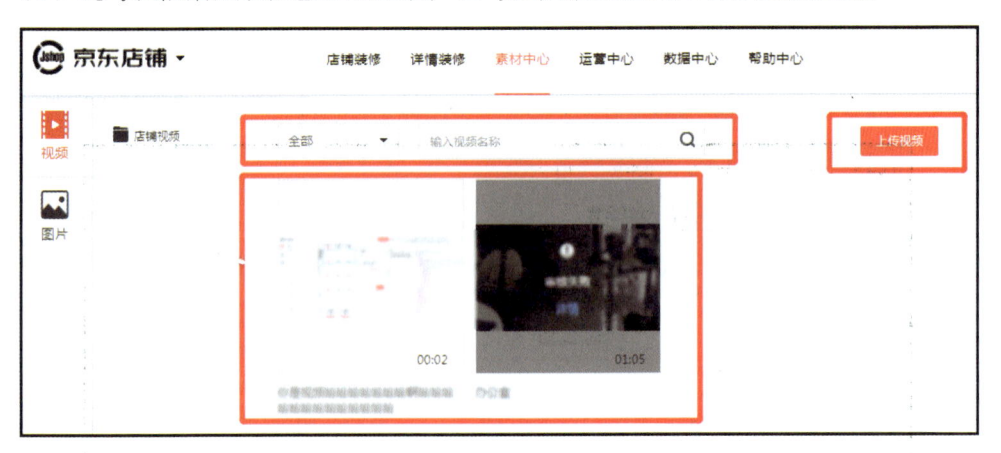

图 10-13 "店铺视频"页面

2．图片

在"素材中心"|"图片"页面中，可以使用和管理店铺装修中的图片，如图 10-14 所示。

图 10-14 使用和管理店铺装修中的图片

（1）单击右上角的"上传图片"按钮可以上传本地图片，上传成功后自动同步到商家后台管理图片。

（2）可以管理文件夹及图片，如新建文件夹、删除和重命名文件。

（3）既可以查看图片列表及图片的名称、缩略图，也可以进行删除、剪裁等操作。

（4）既可以对图片进行排序，也可以根据图片名称搜索图片。

10.2.4 运营中心

在"运营中心"页面可以进行商品组、图片组的配置和策略管理，配置完之后可以重复使用，并且可以一次性录入多批次的数据。下面将从商品组、广告组、策略管理几方面进行介绍。

1. 商品组

在"商品组"页面中可以统一管理和编辑商品信息，如图 10-15 所示。可以查看商品组列表，显示商品组名称、数据类型、分期数量、素材使用情况、创建时间，以及进行编辑、复制、管理、删除等操作。

图 10-15 "商品组"页面

2. 广告组

在"广告组"页面中可以统一管理和维护店铺广告，支持多终端与多页面直接调用。可以查看广告组列表，显示广告组名称、数据类型、分期数量、素材使用情况、创建时间，以及进行编辑、复制、管理、删除等操作，如图 10-16 所示。

电商多平台美工实战
淘宝、京东、拼多多

图 10-16 "广告组"页面

3．策略管理

在"策略管理"页面不仅可以维护店铺人群分组，还可以为模块定投、页面定投等提供服务。新建投放策略方法如下：单击右上角的"新建策略"按钮，在弹出的对话框中填写策略名称、编辑用户组标签，如图 10-17 所示，保存后生成用户组策略。

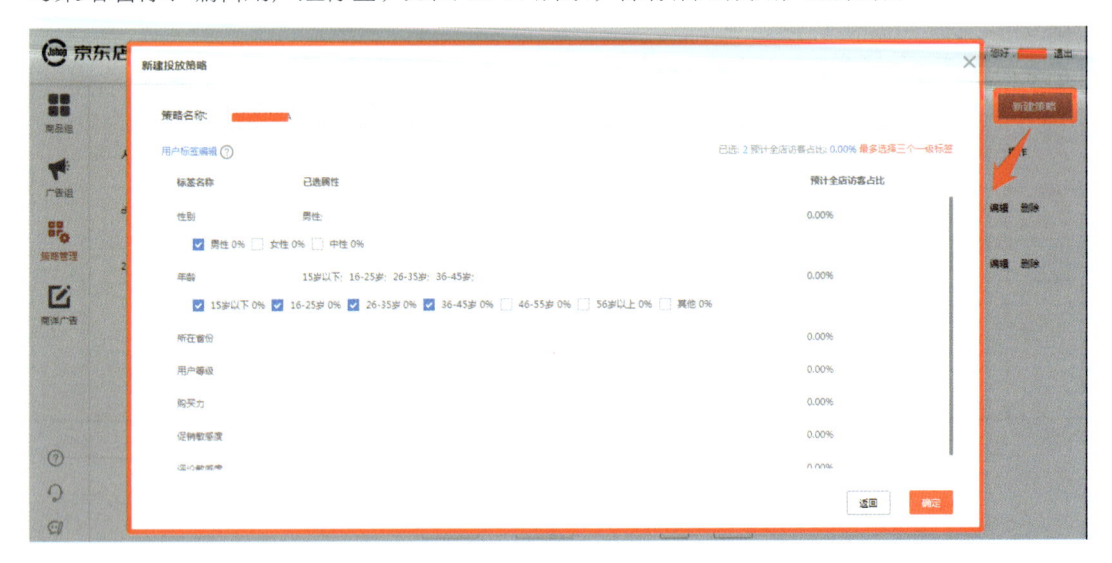

图 10-17 新建投放策略

在"策略管理"页面中可以查看策略列表，以及单个策略的人群名称、用户标签、预计全店访客占比、创建时间，还可以进行编辑、删除操作。单击"编辑"按钮可以对策略信息进行修改；单击"删除"按钮即可删除该策略，如图 10-18 所示。

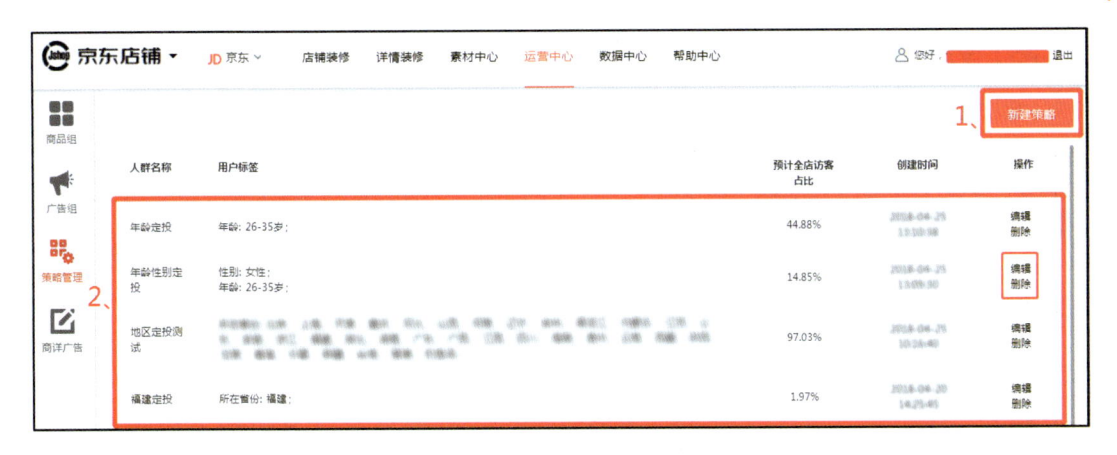

图 10-18 "策略管理"页面

10.3　设置装修模块

下面介绍店铺装修中"智能商品"模块、"视频推荐"模块、"智能海报"模块和"智能选品"模块的设置。

10.3.1　设置"智能商品"模块

"智能商品"模块用于展示店铺中的商品，关联商品组，支持分期展示。将"智能商品"模块拖入装修画布区，右侧即弹出模块配置区，如图 10-19 所示。

（1）商品录入：如果已经有创建好的商品组，则单击"从商品组选择"按钮，打开商品组选择列表，选择需要关联的商品组。如果没有创建好的商品组，则单击"手动录入商品"按钮，进行商品组的创建。

（2）设置展示数量，模块展示数量最多不超过 20 个。

（3）设置 BI 智能排序，BI 智能排序能够根据访客特征展现相应的商品，可以大幅提升点击率和成交转化率。

（4）设置补货方式，若选中"自动补 SPU 有货的 SKU"单选按钮，则根据访客地址判断商品库存，无货和下柜商品将过滤不显示，从而提升客户的浏览体验。

(5)设置楼层标题,可以选择不显示标题、文字标题或图片标题。

(6)设置样式,系统模板支持一行展示2个或3个商品。

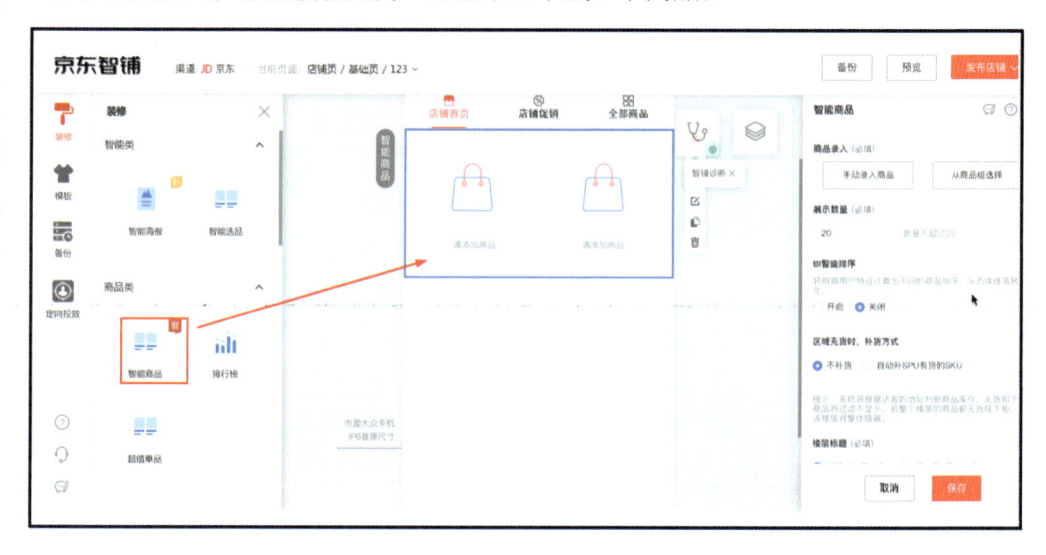

图 10-19 添加"智能商品"模块

10.3.2 设置"视频推荐"模块

可以在店铺首页及店铺二级页中添加"视频推荐"模块,将左侧的"视频推荐"模块拖入装修画布区,右侧就会弹出模块配置区,如图 10-20 所示。

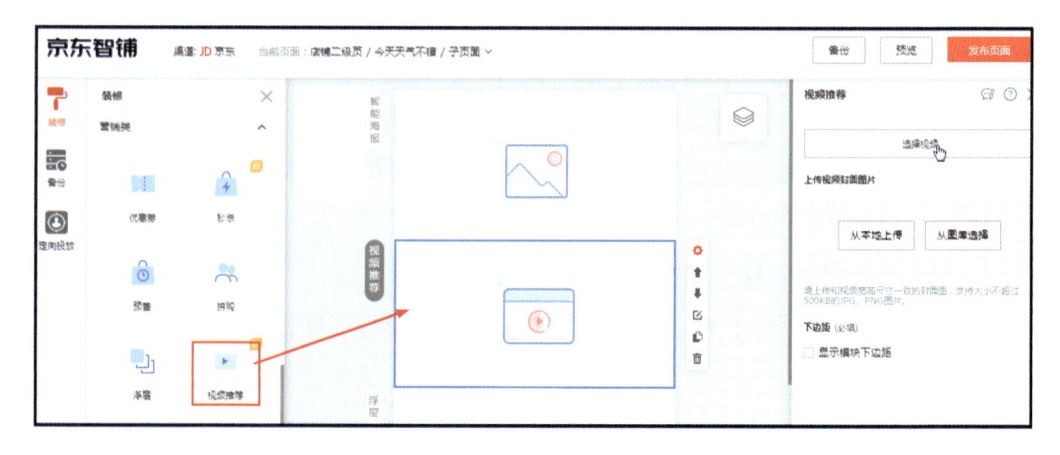

图 10-20 添加"视频推荐"模块

单击"选择视频"按钮打开"视频管理"页面，选择需要展示的视频，如图 10-21 所示。

图 10-21　"视频管理"页面

（1）单击"上传视频"按钮，跳转至商家后台视频资源管理中心的"视频上传"页面，在此处进行视频上传。

（2）单击"进入视频管理"按钮，跳转至商家后台视频列表页，可以在此处对视频进行删除或编辑等操作。

10.3.3　设置"智能海报"模块

通过"智能海报"模块可以为店铺添加海报图，实现图片个性化展现，从而有效提高店铺访客转化率。将左侧的"智能海报"模块拖入装修画布区，右侧即弹出模块配置区，如图 10-22 所示。

在模块配置区中进行设置。

（1）海报文案：填写完海报文案后会对应替换模板上的文案，生成新的海报。

（2）推荐商品设置：海报图的商品通过对商品池（页面商品池或固定商品池）中的商品进行数据智能分析，从商品池中推荐出最符合客户喜好的商品作为海报入口图。

（3）海报图配置：单击"更换模板"链接，可以选择"系统模板"和"我的模板"。

"我的模板"的内容来自对系统模板的复制和编辑，如果需要编辑模板，则可以参考文末的编辑样式说明，如图 10-23 所示。

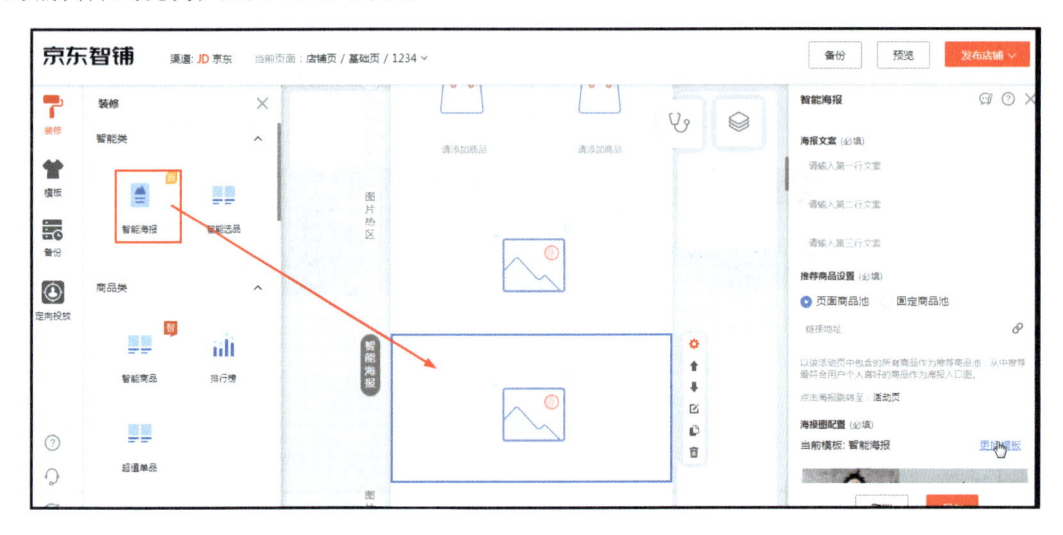

图 10-22　添加"智能海报"模块

图 10-23　更换模板

10.3.4　设置"智能选品"模块

"智能选品"是千人千面策略的商品模块，先从热销爆款、潜力新品和店铺分类这 3

个维度进行分析，再通过算法为客户展示最需要的商品。将左侧的"智能选品"模块拖入装修画布区，右侧就会弹出模块配置区，如图10-24所示。

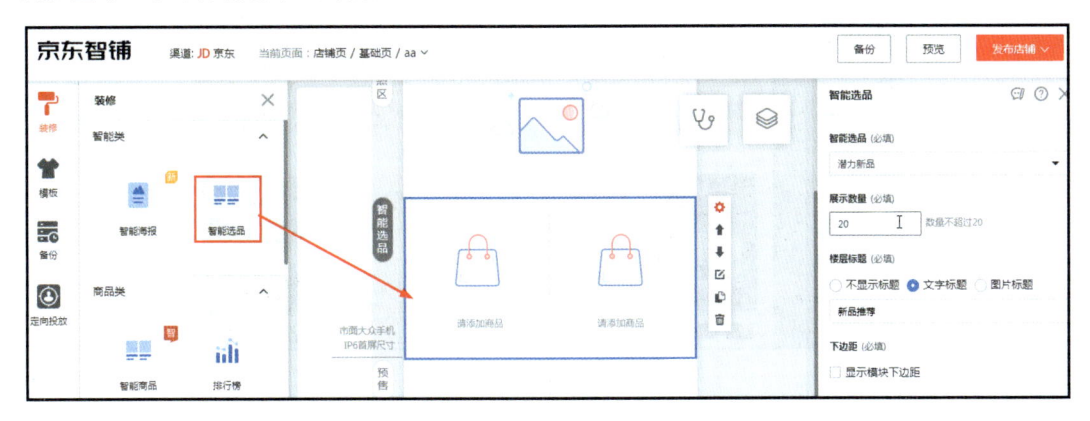

图 10-24 "智能选品"模块

"智能选品"可以设置为"热销爆款""潜力新品"或"店铺分类"，"展示数量"设置为不超过20，"楼层标题"可以设置为"不显示标题""文字标题"或"图片标题"。

10.4 京东装吧装修详情页

店铺的详情页非常重要，是提高转化率的重要阵地。下面介绍京东店铺详情页的装修。

10.4.1 使用京东详情页模板

京东详情页模板市场是京东官方推出的，提供各类商品详情页模板，具体的操作步骤如下。

（1）进入京东详情页模板市场首页，如图10-25所示。

（2）可以按照等级、行业、风格、色系挑选模板，并且可以根据模板销量、上架时间等排序，如图10-26所示。

227

电商多平台美工实战
淘宝、京东、拼多多

图 10-25　京东详情页模板市场首页

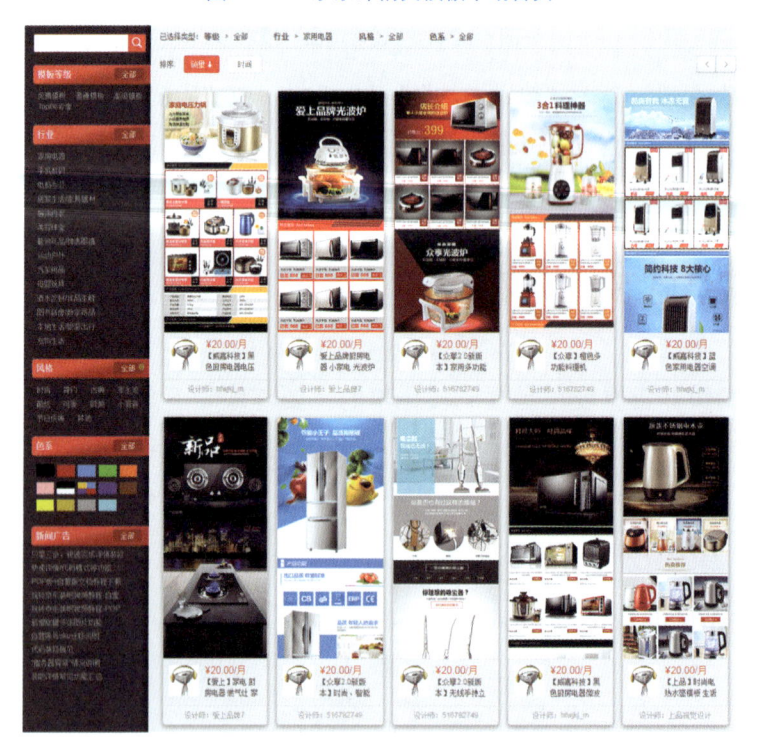

图 10-26　挑选模板

（3）挑选好模板后，单击进入模板详情页，如图 10-27 所示。单击"立即试用"按钮可以免费体验装修操作，预览模板装修效果；单击"立即购买"按钮可以订购此模板。

第 10 章
京东店铺装修实战

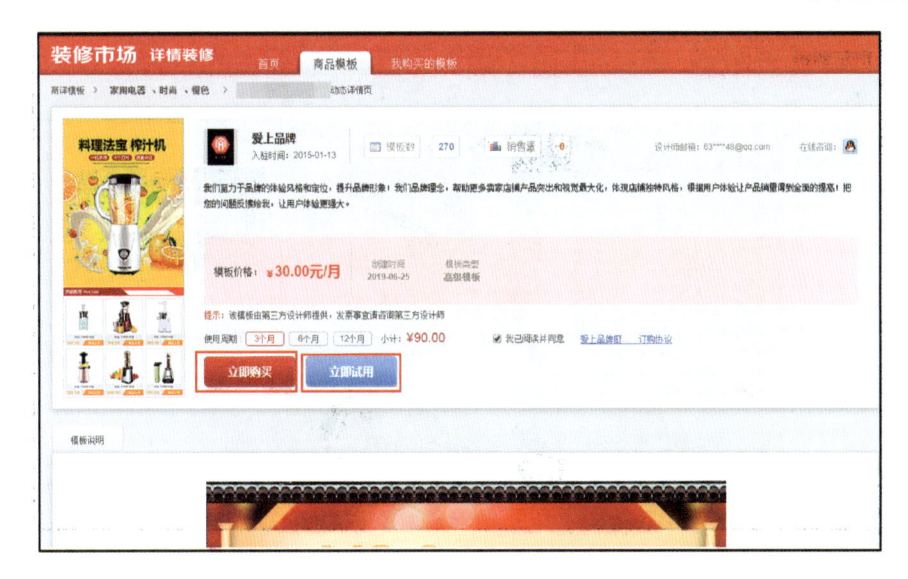

图 10-27　模板详情页

（4）单击"立即试用"按钮后会进入详情编辑页面，如图 10-28 所示。

图 10-28　详情编辑页面

（5）选择要编辑的部分，在右侧的编辑区可以对图片和文本进行编辑，如图 10-29 所示。

229

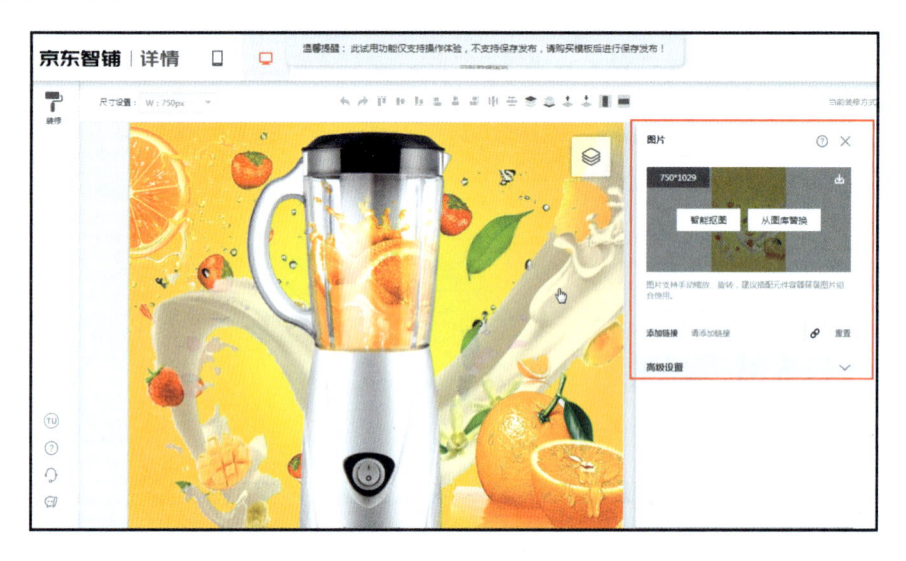

图 10-29　编辑图片和文本

10.4.2　元件容器操作

在元件容器上既可以放置文字、图片、热区等模块，也可以设置元件容器的高度、背景颜色、图片，从而呈现更丰富的视觉效果。

在京东详情装修页面中，从左侧将"元件容器"模块拖入中间的装修画布区，单击"元件容器"模块，右侧会弹出该模块的属性编辑框，如图 10-30 所示。在右侧设置元件容器的宽度和高度，还可以设置元件容器的背景颜色和背景图片。

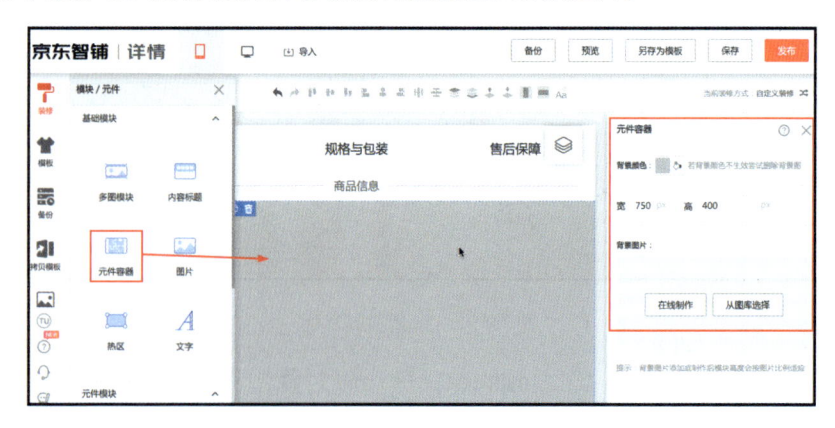

图 10-30　拖入"元件容器"模块

10.4.3 添加温馨公告

京东店铺公告在店铺中有很大的功能，如在即将来临的新春佳节，商家可以做一个京东店铺公告，向全部进入店铺的客户拜早年，另外，还能够将店铺中的一些优惠促销信息放进公告内容中。

可以在商品详情页添加店铺公告、通知、节假日发货时效等信息。将元件内的"公告"模块手动拖曳到中间的装修画布区，右侧会弹出该模块的属性编辑框，如图 10-31 所示。

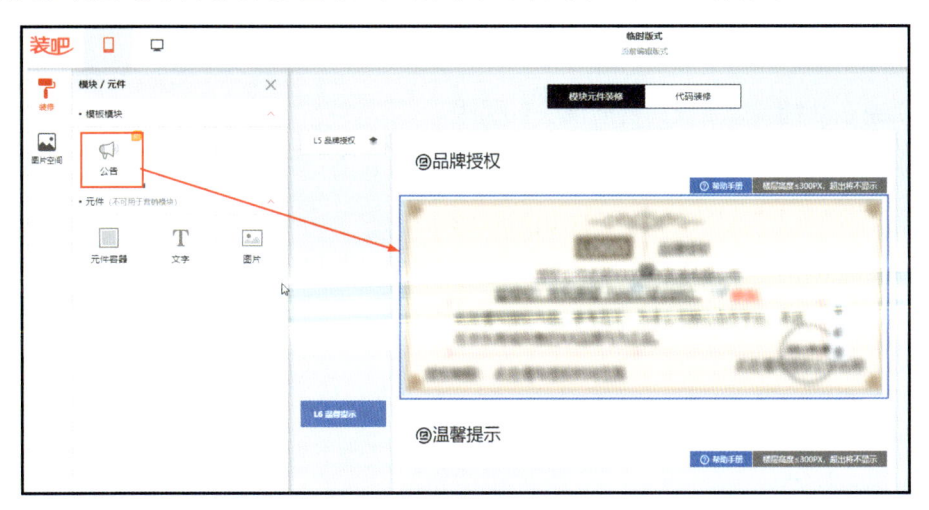

图 10-31　添加店铺公告

10.5　练习题

1. 填空题

（1）_____是店铺首页的核心内容，依托科学的商品展示设计，有利于店铺流量汇聚和引导转化，提升店铺的转化率。

（2）_____以打造更好用的装修系统为服务宗旨，以移动端店铺装修为中心，为京东商家提供智能化的店铺首页、店铺二级页、商品详情页的装修解决方案。

（3）_____可以用来查看、管理装修中可用的图片和视频。轻松实现在线管理和编辑素材，提高工作效率。

（4）通过_____可以对商品组和广告组进行统一管理，并支持多次复用，可以一次性录入多批次的数据，各批次的数据可以设置定时切换。

（5）_____用于展示店铺商品，关联商品组，支持分期展示。将"智能商品"模块拖入中间的装修画布区，右侧就会弹出模块配置区。

2. 简答题

（1）京东店铺首页布局的特点有哪些？

（2）京东智铺装修系统的功能模块有哪些？

（3）怎样使用"素材中心"页面装修店铺？

（4）怎样使用"运营中心"页面装修店铺？

（5）怎样设置"智能海报"模块？